Dr. Bettina Griepentrog-Wiesner

Na, wie geht's uns denn heute?

Bewußte Kommunikation als Erfolgsfaktor in der Arztpraxis

Ein NLP-Kurs mit Übungen für Ärzte und Heilberufler

Dr. Bettina Griepentrog-Wiesner

Na, wie geht's uns denn heute?

Bewußte Kommunikation als Erfolgsfaktor in der Arztpraxis

Ein NLP-Kurs mit Übungen
für Ärzte und Heilberufler

Junfermann Verlag • Paderborn
1998

Covergestaltung: Petra Friedrich

Coverfoto: P Chave & S Jennings, Tony Stone Bilderwelten

Satz: La Corde Noire – Peter Marwitz, Kiel

Die Deutsche Bibliothek – CIP-Einheitsaufnahme
Griepentrog-Wiesner, Bettina:
Na, wie geht's uns denn heute: Bewußte Kommunikation als Erfolgsfaktor in der Arztpraxis. Ein NLP-Kurs mit Übungen für Ärzte und Heilberufler / Bettina Griepentrog-Wiesner. – Paderborn: Junfermann, 1998.
ISBN 3-87387-371-0

ISBN 3-87387-371-0

Inhalt

1. Vorwort ... 7
2. Wie können Sie von diesem Buch profitieren? Einander besser verstehen als Herausforderung ... 13
3. NLP – Was ist das, und wie ist es entstanden? ... 16
4. Die NLP-Philosophie – Grundannahmen ... 21
5. Wie Sie sich auf Erfolg programmieren – der Einfluß innerer Zustände ... 24
6. Verbale und nonverbale Hinweise bei der Kommunikation ... 29
7. Was uns die Augen verraten – Augenbewegungsmuster ... 31
8. Welche Sprache spricht mein Patient? Repräsentationssysteme, Wahrnehmungstypen ... 38
9. Sinnesspezifische Prädikate ... 42
10. Das feine Unterscheiden: Submodalitäten ... 47
11. Schärfen Sie Ihre Sinne – Kalibrieren ... 51
12. Das Geheimnis von Vertrauen und Rapport ... 57
13. Mit dem Patienten tanzen – Pacing und Leading ... 61
14. Wie Einwände gemeistert werden können ... 66
15. Kommunikationsebenen ... 69
16. Hören ist nicht Verstehen ... 71
17. Die Kunst des Fragens – NLP-Fragetechniken ... 73
18. Die Software des Gehirns – Metaprogramme ... 89
19. Was sind Anker? ... 97
20. Moment of Excellence – Lampenfieber wegzaubern ... 103
21. Etwas neu einrahmen: Reframing ... 109
22. Reizt Sie die Aufgabe eines Filmregisseurs? Assoziation – Dissoziation ... 118
23. Glaubenssätze und Heilungen ... 126
24. Wie Sie Ihre Ziele erreichen ... 143
25. Modellieren von Vorbildern und Einsetzen der „Als-ob-Technik“ ... 149
26. Ausblick: NLP und Metamedizin ... 153
27. Kleines Lexikon ... 156
28. Verzeichnis der verwendeten Literatur ... 160

Dieses Buch widme ich meinem Mann Stefan,
der mich liebt und mir Mut zu diesem Buch gemacht hat,
meiner Tochter Sarah, die mir die größte Freude, Inspiration und Lehrerin ist,
meiner Schwiegermutter, die mich in meiner Praxis liebevoll unterstützt
und mich vieles gelehrt hat,
meinem Schwiegervater, von dem ich viel über Glaubenssätze gelernt habe,
und meinen Eltern, die mir die Fähigkeit zu kreativem Denken gegeben haben.

1. Vorwort

Mein erstes beeindruckendes Erlebnis hatte ich mit NLP 1990, als ich auf einem Workshop erleben durfte, wie sich innerhalb einer halben Stunde eine bei einem Klienten seit Jahrzehnten bestehende Schlangenphobie in nichts auflöste. Ich probierte das damals dann bei einer Freundin mit Spinnenphobie ebenfalls aus, seitdem findet sie Spinnen lustig und kann sie sogar anfassen. Der ganze Prozeß hat nicht mehr als eine halbe Stunde gedauert. Sie hat seitdem keine Angst mehr vor Spinnen. Diese Erlebnisse machten mich neugierig auf mehr NLP.

Ein wesentlicher Schritt zum Erfolg in und mit der Arztpraxis ist der „gute Draht zum Patienten". Wie oft reden wir in unserem Alltag aneinander vorbei, ohne es sogleich wahrzunehmen. Wir merken es meist erst, wenn es zu spät ist, wenn es aufgrund von Mißverständnissen zu einem Abbruch der Verständigung kommt. J. Rattner hat einmal gesagt: „Man darf sarkastisch feststellen, daß der Mensch inzwischen die Distanz bis zum Mond überwunden hat, aber immer noch daran scheitert, zu seinen Mitmenschen zu gelangen ... Jedes Menschenkind erlebt in seinem Heranwachsen unendlich viel Aneinander-Vorbeireden, affektgeladenes Schreien, Schimpfen, Toben oder das autoritäre Dozieren von Eltern, Lehrern und anderen Respektspersonen ..."

Professionelle Kommunikation ist in der Tat auch im Arztbereich dringend angesagt. Gutes Kommunizieren, gute Verständlichkeit kann jedoch nur von Menschen ausgehen, die ein wirkliches Interesse an ihren Mitmenschen haben. Wie lange wollen Sie noch tatenlos mit ansehen, daß gute, in der Regel sehr redegewandte Heiler Ihnen Ihre Patienten weglocken, allein durch die Fähigkeit, ihren Patienten zuzuhören, sie ausreden zu lassen, sie zu verstehen? Diese Heiler verstehen es oft viel besser, den Patienten als Mittelpunkt ihres Seins zu betrachten. Sie haben die Fähigkeit, dem Patienten das Gefühl zu geben: „Ich interessiere mich für dich." Sie haben oft viel besser erkannt, was den Patienten zufrieden macht. Heiler weisen zwei wichtige Fähigkeiten auf: Aufgeschlossenheit und Neugier, denn diese Eigenschaften sind eine Grundvoraussetzung des Heilens. Wenn ich einen Patienten, der in meine Praxis kommt, anschaue und weiß, daß sein natürlicher Zustand eigentlich Gesundheit und Freude sein sollte, dann werde ich neugierig auf ihn und möchte wissen, warum er etwas anderes gewählt hat, nämlich Krankheit, ob er das nun bewußt oder unbewußt getan hat.

Natürlich möchte ich damit nicht sagen, daß alle Ärzte nur ans Geldverdienen denken und den Patienten als eine Form der Arbeitsunterbrechung sehen. Das wäre nicht richtig, da ich viele Kollegen kenne, die sehr wohl ehrlich um den Patienten bemüht sind und einige, die sich geradezu aufopfern. Ich kenne genügend hervorragende Ärzte, die den Patienten als Menschen betrachten und nicht als „Fall Nr. X".

Es geht in diesem Buch zum einen darum, ein Bewußtsein davon zu schaffen, was bewußte Kommunikation sein kann und wieviel Freude und Zufriedenheit für den einzelnen, ja sogar, wie ein anderes Denken daraus entstehen kann. Denn Kommunikation bedeutet nicht nur, miteinander zu reden, es bedeutet, die Welt des anderen zu betreten.

Zum anderen werden einige spezielle Themen aus dem vielseitigen Gebiet NLP herausgegriffen, die jeder an sich selbst sofort anwenden und nach einigem Üben auch wirkungsvoll in der Praxis einsetzen kann.

Natürlich ist mir klar, daß in einer großen Arztpraxis oder auf einer großen Krankenhausstation zeitliche Grenzen gesetzt sind. Doch auch und gerade mit knapper Zeit ist der Einsatz von NLP-Methoden hilfreich, weil man oft viel schneller ans Ziel kommt. Stellen Sie sich einmal vor, ein Patient kommt zu Ihnen in die Praxis, dem Sie aufgrund Ihrer guten Kommunikationsfähigkeit innerhalb eines fünfminütigen Gespräches den Eindruck vermitteln, er sei bereits eine halbe Stunde in Ihrem Sprechzimmer gewesen. Wäre es also in der heutigen Zeit nicht besonders wichtig, Kommunikation bewußt und gezielt einzusetzen? Nach dem Motto, wie schaffe ich mir zufriedene Patienten? Patienten sind unter anderem zufrieden mit Ihnen als Arzt, wenn Sie versuchen, sie zu verstehen, und sich dafür viel Zeit nehmen. Zeit ist jedoch etwas Relatives!

Warum muß nun der Arzt nach einem langen Studium und anschließender langer Facharztausbildung nun noch etwas lernen? Um es klarzustellen: *müssen* muß er nicht. Jedoch ist es hilfreich, wenn Sie als Arzt in der Praxis „immer den richtigen Draht" zum Patienten haben. In unserer Ausbildung lernen wir Fakten und Technik und das ganze Instrumentarium moderner Medizin, jedoch nicht Kommunizieren. Wir gehen in der Regel davon aus, daß diese Fähigkeit einem Arzt in die Wiege gelegt worden ist, daß er sozusagen das Talent des professionellen Kommunikators für sich „gepachtet" hat. Daß dem nicht so ist, merken wir an den vielen kleinen und großen Mißverständnissen, die im Laufe eines Tages auftreten, durch die wir uns das Leben manchmal etwas schwermachen.

Kommunikation geschieht nicht nur über das Sprechen. Amerikanische Wissenschaftler haben in einer interessanten Untersuchung herausgefunden, welches die **Wirkungsfaktoren** bei der Kommunikation sind:

- ➤ 55% die Körpersprache wie Körperhaltung, Gestik, Augenkontakt;
- ➤ 38% unsere Stimmlage;
- ➤ und nur zu 7% wirkt der Inhalt der Worte!

Körperhaltung

Stimmlage

Das heißt, es kommt nicht so sehr auf das an, was wir sagen, sondern darauf, wie wir etwas sagen, damit das, was wir meinen, richtig ankommt. Mit anderen Worten, nur 7 % der Kommunikation ist abhängig von unseren Worten!! Wichtiger sind Körpersprache und Tonfall.

NLP wird oft noch mit Zauberei verglichen, weil manche Prozesse so schnell gehen und Krankheiten und Störungen, die jahrelang, manchmal seit frühester Kindheit bestanden haben, innerhalb von Minuten bis Stunden beseitigt werden können. Etwas provokativ möchte ich bemerken, daß nicht wenige Psychiater und Psychoanalytiker Angst um ihre Besitzstände bekämen, würde NLP Einzug in ihr Gebiet halten. Und wieviel Geld könnten die Krankenkassen einsparen, wenn sie sich zur Anerkennung wirkungsvoller Methoden wie des NLP durchringen könnten.

Dieses Buch ist entstanden aus zwei Gedanken. Der erste ist: Als ich vor über 10 Jahren meine Praxis für Allgemeinmedizin und Naturheilverfahren in Berlin eröffnete, waren die Zeiten für niedergelassene Ärzte noch rosig: gutes Einkommen, viele Patienten, noch nicht viele Ärzte. In den letzten Jahren änderte sich daran einiges: Es ließen sich immer mehr Ärzte nieder, in manchen Bezirken gibt es Straßenzüge, wo sich in jedem zweiten Haus eine Arztpraxis befindet. Die Zahl der Patienten blieb jedoch relativ konstant. Die Patienten wurden anspruchsvoller, sie konnten sich aussuchen, ob sie vier Stunden auf eine Spritze warten wollten oder nicht. Es gibt Ärzte, bei denen es der Patient bereitwillig in Kauf nimmt, vier Stunden auf eine Spritze zu warten. Und es gibt Ärzte, bei denen der Patient sich schon nach fünf Minuten Wartezeit beschwert und erbost die Praxis verläßt. Was macht den Unterschied zwischen diesen Ärzten aus? Das Konkurrenzdenken unter den Ärzten hat mit der Zeit rauhere Züge angenommen. In meinem Bezirk fragten mich die Kollegen, warum es bei mir immer ein volles Wartezimmer und trotzdem zufriedene Patienten und zufriedene Arzthelferinnen gab. Neid klang an. Neidische Kollegen sind jedoch destruktiv und nutzlos. „Ein bißchen Neid ist das Salz in der Suppe. Aber man kann bekanntlich eine Suppe auch versalzen." (Alberto Sordi) Neid ist eine sichere Möglichkeit, erfolglos zu bleiben.

Als „Schutzwall" vor Neidern entstanden damals meine ersten Veranstaltungen zum Thema Kommunikation unter dem Titel: „Wie Sie mit Menschen zurechtkommen, mit denen Sie vorher nicht umgehen konnten", in denen das kollegiale Verhalten der Ärzte untereinander sowie ihr Verhältnis den Patienten und ihren Mitarbeitern gegenüber behandelt wurde. Dadurch änderte sich vieles im kollegialen Zusammensein in meinem Bezirk. Meine Strategie war: Wenn meine Kollegen zufrieden und erfolgreich sind (Erfolg bedeutet für niedergelassene Ärzte oft „viele Patienten und viel Honorar"), konnte auch ich in Ruhe arbeiten. **Gemeinsam gewinnen** ist die Devise. Nur so konnte jeder in Harmonie sein. Auch für Ärzte als professionelle Kommunikatoren ist das Erlernen von Wegen zu besserem Verständnis wichtig.

Der zweite Gedanke, ein Buch zum Thema *NLP für Ärzte* zu schreiben, ist: Ärzte haben in der Regel wenig Zeit, sich durch dicke Fachbücher zu wühlen. Es gibt zu diesem Thema bereits viele hervorragende Bücher. Die meisten sind umfangreich, was auch durchaus sinnvoll ist, wenn man sich mit dem Thema NLP befaßt. Dieses Buch ist daher bewußt eine Mischung aus Wissensvermittlung über die Grundzüge des NLP und praktischen Übungsbeispielen sowie Beschreibung von einigen effektiven Kurzinterventionen, die jeder nach kurzer Übungszeit selbst in seiner Praxis durchführen kann.

Sicherlich kann ein solches Buch kein NLP-Seminar ersetzen, jedoch hoffe ich, daß dieses Buch einmal Lust auf mehr NLP bewirkt wie auch das Bewußtsein fördert, daß ein entscheidender Erfolgsfaktor in der heutigen Arztpraxis die gekonnte Kommunikation ist.

Immer mehr Menschen, die sich noch mehr Erfolg und Zufriedenheit in ihrem privaten und beruflichen Tun und Handeln wünschen, greifen bereits in die Werkzeugkiste des NLP.

Was den Gesundheitsbereich betrifft, haben bereits immer mehr Pharma-Firmen erkannt, daß NLP-geschulte Ärzte ihre Produkte effektiver bei den Patienten einsetzen können.

Und umgekehrt haben bereits mehrere Pharma-Firmen ihre Mitarbeiter bei mir schulen lassen. Denn ein NLP-geschulter Pharma-Referent hat größere Chancen, in der Arztpraxis oder im Krankenhaus seine Produkte angesichts eines fast unüberschaubaren Marktes von Präparaten überzeugend vorzustellen und als Partner von den Ärzten akzeptiert zu werden.

Eine Frage wird sich natürlich früher oder später einmal stellen: Was passiert, wenn zwei NLPler aufeinander treffen und der eine den anderen von XY überzeugen will? Oder was wird passieren, wenn in einer Fortbildungsveranstaltung einige NLPler sitzen und der Vortragende bisher noch keine NLP-Schulung gehabt hat? Ich denke, hier wird es in Zukunft einige interessante Begegnungen geben.

2. Wie können Sie von diesem Buch profitieren? Einander besser verstehen als Herausforderung

Sie haben ein Buch gekauft, das Ihnen die Möglichkeit gibt, Ihre Praxis durch professionelle Kommunikation noch erfolgreicher zu führen, als Sie es schon bisher getan haben, indem Sie lernen, mit Hilfe einiger Werkzeuge aus der großen Werkzeugkiste des NLP mit Patienten und Mitarbeitern besser umzugehen. Sie erleben gerade eine Umbruchphase im Gesundheitswesen. Vieles ist schon und wird in Zukunft nicht mehr in der Weise finanzierbar sein wie bisher. Sie sind sich möglicherweise nicht sicher, wie es mit Ihrer Praxis weitergehen soll. Sie stehen vielleicht finanziell noch ganz gut da, können sich noch Ihren Urlaub leisten, sind sich aber unsicher, ob Sie das in der Zukunft auf dem Niveau wie bisher auch noch können. Sie stehen an einem Wendepunkt. Ganz gleich, wie Ihre Pläne im Augenblick sind – die Kenntnis von NLP wird sicherlich einiges in Ihrem Bewußtsein und Denken verändern. Wenn Sie nichts verändern, wird alles so weiterlaufen wie bisher. Sie haben jedoch begonnen, ein Interesse an NLP zu entwickeln, weil Sie gerne etwas verändern möchten oder möglicherweise sogar müssen. Sie wissen nur noch nicht, wie.

Veränderung bedeutet, neue Verhaltensmuster zu entwickeln und auszuprobieren und alte, einschränkende abzuschaffen. Alte Verhaltensmuster haben aber unter Umständen auch etwas Beruhigendes, weil sie einem vertraut sind, mögen sie auch unangenehme Auswirkungen haben. Vertrautheit bietet ein gewisses Maß an Sicherheit. Sie fühlen sich sicher, weil Sie sich in einem gewohnten Umfeld bewegen. Menschen brauchen immer etwas um sich, das ihnen vertraut ist. Ein Kind muß mit und an seinen Erfahrungen innerlich wachsen, bevor es bereit ist, ein vertrautes Objekt loszulassen. Dabei ist es unerheblich, ob dieses schmutzig ist. Wichtig ist, daß es sich um etwas Vertrautes handelt. Daher führt jeder Versuch, einem Kind dieses wegzunehmen, zu einem Nicht-Verstehen. Auch erwachsene

Menschen haben solch ein System von Sicherheiten, an das sie sich mit aller Kraft klammern. Aus Angst, etwas Vertrautes, Berechenbares loszulassen, finden wir uns oftmals mit Situationen ab, die ein Außenstehender vielleicht nie akzeptieren würde, weil diese scheinbar negativen Dinge uns auch Sicherheit geben. Viele Menschen glauben, daß es vorwiegend äußere Einflüsse sind, die über unseren Erfolg oder Mißerfolg bestimmen. Viele glauben, daß sie über diese Kräfte und Einflüsse keine Macht haben. Für diese Menschen wird Veränderung zu einem Glücksspiel. Sie sind nicht in der Lage, Veränderungen die Richtung und Orientierung zu geben, die sie brauchen und die sie sich wünschen. Menschen bekommen den notwendigen Mut, Veränderungen als inneres Wachstum und positive Herausforderung zu sehen, nur, wenn sie Veränderungen als positive Erfahrung betrachten. Jede Veränderung bedeutet Wachstum und neue Erfahrung, gleichermaßen negative und positive. Veränderungen vermeiden zu wollen heißt, sich dem Leben zu entziehen.

Durch die in diesem Buch vorgestellten Techniken und Interventionen sowie das Basiswissen des NLP werden Sie Ihren Kollegen „Mitbewerbern" in den Sie umgebenden Praxen um Längen voraus sein. NLP ist ein hervorragendes Modell für Kommunikation, Veränderung und persönliches Wachstum. Eine günstige Voraussetzung für professionelle Kommunikation ist, bei sich selbst genau diese Veränderungsprozesse einzuleiten, deren Resultate eine hohe Flexibilität im Verhalten zulassen, einen unmittelbaren Zugang zu den persönlichen Ressourcen erlauben, Fähigkeiten und befähigende Überzeugungen entwickeln, die eine respektvolle Beziehung zu sich selbst und den Kommunikationspartnern, zum Beispiel Patienten, herstellen. Durch besseres Verstehen im Umgang mit anderen und mit sich selbst wird sich einiges in Ihrem Leben ändern. Es wird Sie zufriedener machen. Ihr Erfolg ist vorprogrammiert. Sie haben mit NLP die Möglichkeit, Ihre Zukunft aktiv zu gestalten in der Art, wie Sie es wollen. Dieses Kompendium ist als Einführung und „Appetitmacher" für das Kennenlernen der NLP-Philosophie und Erlernen ausgewählter NLP-Techniken gedacht und erfaßt nur einen kleinen Teil der riesigen Schatzkiste NLP. Viele Dinge wissen Sie vielleicht bereits oder setzen Sie unbewußt ein. Neu beim NLP ist das präzise Wissen, was und wie etwas zu tun ist.

Ich möchte an dieser Stelle eine Geschichte zitieren, die im Vorwort zu einem der ersten Bücher der NLP-Begründer Richard Bandler und John Grinder nachzulesen ist: Ein Klempner wurde gerufen, der das riesige Kesselsystem eines Dampfschiffes reparieren sollte, da es nicht mehr richtig funktionierte. Nachdem er den Ausführungen des Maschinisten über die vorliegenden Schwierigkeiten zugehört und ihm Fragen gestellt hatte, ging er in den Kesselraum. Er schaute auf das Labyrinth ineinander verschlungener Röhren, lauschte ein paar Minuten auf die Geräusche im Kessel und auf das Zischen des entweichenden Dampfes und befühlte einige Rohre mit seinen Händen. Dann summte er leise vor sich hin, griff in seinen Overall, zog einen kleinen Hammer heraus und schlug einmal leicht auf ein leuchtend rotes Ventil. Sofort arbeitete das ganze System wieder vollkommen fehlerfrei, und der Klempner ging nach Hause. Als der Eigner des Dampfschiffes eine Rechnung über eintausend Dollar erhielt, beschwerte er sich darüber, daß der Klempner nur etwa fünfzehn Minuten im Maschinenraum war, und forderte eine detaillierte Rechnung. Der Klempner schickte ihm diese:

für einen leichten Schlag mit dem Hammer	0,50 Dollar
für das Wissen um die richtige Stelle	999,50 Dollar
Gesamtsumme	1.000,00 Dollar

Eine von vielen effektiven Möglichkeiten, den Mut zu bekommen, Veränderungen als Herausforderung und Chance zu sehen, ist die Kenntnis und Anwendung des Neurolinguistischen Programmierens.

Was Sie aus der Chance machen, liegt jedoch ganz allein in Ihrer Hand!

3. NLP – Was ist das, und wie ist es entstanden?

Die einen bekommen bei diesen drei Buchstaben leuchtende Augen und träumen von schnellen Veränderungen im menschlichen Handeln; sie sehen im NLP eine Art Wundermittel, um bestimmte Störungen innerhalb von Minuten „wegzutherapieren"; die anderen reden schlicht von Manipulation. Bedenken Sie: Auch mit einem Messer kann man sowohl ein Steak schneiden wie auch jemanden umbringen. Es liegt daher an Ihnen, in welcher Art Sie NLP anwenden werden. NLP ist zunächst einmal eine Kommunikationswissenschaft, die den Menschen die Fähigkeiten liefert, mit sich und ihrer Umwelt besser und menschlicher umzugehen.

Zunächst soll ein kurzer Blick auf die Entstehungsgeschichte des NLP geworfen werden.

NLP entstand aus dem Modelling, das bedeutet Modellieren. Modelling war in Amerika in den 70er Jahren sehr beliebt; das heißt, man ging in die Firmen und schaute, wer etwas besonders gut gemacht hatte und analysierte die Struktur dessen, was der oder die Betreffende tat. Die Ausgangsfrage war also: Wie sind besonders erfolgreiche Leute so erfolgreich, was ist ihre Erfolgsstrategie dazu? Das Modelling ist aus der Annahme entstanden, daß, wenn es auch nur einem Menschen gelingt, etwas Bestimmtes zu tun, potentiell alle dazu in der Lage sind, die gleichen Fähigkeiten zu erwerben, vorausgesetzt, man unterteilt die betreffende Vorgehensweise (Strategie) in präzise kleine Schritte, die man dann in dem Lernenden „installiert". NLP ist eng verbunden mit den Namen von Richard Bandler, Psychologe und Informatiker, und John Grinder, Sprachprofessor. Diese beiden begannen Anfang der 70er Jahre, die Arbeit von drei der erfolgreichsten Therapeuten der Zeit daraufhin zu untersuchen, was diese so erfolgreich machte. Die Ausgangsfrage war: Was machen diese drei Therapeuten anders als andere, weniger erfolgreiche Therapeuten, und lassen sich ihre erfolgreichen Methoden systematisch erfassen und nachahmen? Und so „modellierten" sie die berühmtesten Therapeuten der damaligen Zeit, die völlig unterschiedlich arbeiteten, aber auf ihrem jeweiligen Gebiet besonders erfolgreich waren: Fritz Perls, Begründer der Gestalttherapie, Virginia Satir, Begründerin der Familientherapie, Milton Erickson, Hypnosepapst. Alle drei hatten den Ruf, die reinsten Magier zu sein, weil sie so erfolgreich waren. Was also machten diese erfolgreichsten Kommunikatoren und Therapeuten der Welt besser als ihre vielen Kollegen? Was machte diesen kleinen, aber wesentlichen Unterschied in der Arbeit dieser drei Therapeuten aus? Und vor allem, wie ließen sich ihre erfolgreichen Methoden, besonders in der zwischenmenschlichen Kommunikation, nachahmen? Aus dem Beobachten und Modellieren dieser drei Therapeuten „bastelten" Bandler und Grinder das NLP. Sie beobachteten, welche Fragestellungen diese Therapeuten im Gespräch mit Klienten benutzten, welche Handbewegungen sie machten, welche Körperhaltungen, welche Stimmlage, Sprechtempo und so weiter diese benutzten. Zu den wichtigsten Fähigkeiten gehörte die genaue Wahrnehmung, um schnell zum Wesentlichen einer Information vorzudringen. Sie benutzten Schlüsselwörter und -sätze, die ihre wichtigsten Gedanken mit großer Klarheit ausdrückten. Sie machten einen Unterschied zwischen dem, was sie wissen mußten, und dem, was sie nicht zu wissen brauchten, und konzentrierten sich auf das erste. Dadurch konnten sie mit ihren Patienten in einer oder zwei Sitzungen Ergebnisse erzielen, für die andere ein oder zwei Jahre gebraucht hätten.

Der Anfang des NLP war also gemacht, der darin bestand, besonders effektive „Werkzeuge" oder Hilfsmittel für die Psychotherapie zu schaffen. Doch bald kamen andere Berufsbereiche dazu wie Pädagogik, Verkauf, Management. Heutzutage wird NLP hauptsächlich eingesetzt in den Bereichen Psychotherapie, Management, Pädagogik, Gesundheit, Verkaufstraining, persönliche Selbstentfaltung, Coaching und Kommunikation.

NLP befaßt sich im Unterschied zu manchen Bereichen aus dem Umfeld der Psychotherapie mit der Struktur der menschlichen Erfahrung, nicht mit deren Inhalt. Es ist zielorientiert und kümmert sich nur begrenzt darum, was früher geschehen ist. Ein rätoromanisches Sprichwort sagt: „Wasser, das schon vorbeigeflossen ist, treibt die Mühle nicht." Wichtig ist für NLP-Anwender, wie Menschen das, was in früheren Zeiten geschehen ist, in ihrer inneren Vorstellung, in ihrem Kopf abbilden. Was vergangen ist, können wir nicht mehr ändern. Wir sollen Dinge aus unserer Vergangenheit auch nicht vergessen oder leugnen, jedoch können wir sie als wertvolle Erfahrungen ansehen, aus denen wir lernen können. Und wir sind in der Lage, unangenehmen Erfahrungen in der Vergangenheit eine weniger unangenehme Bedeutung zuzuordnen. Denn erst wir machen in unseren Gedanken durch

Wertungen eine Erfahrung zu einer guten oder schlechten. Wichtig sind hierbei innere Vorstellungen, die durch unsere fünf Sinne gebildet werden. Alle Erfahrungen, die wir in unserem Gehirn abgespeichert haben, werden durch diese fünf Sinne gebildet, durch das visuelle, auditive, kinästhetische, olfaktorische und gustatorische System. NLP will positive Veränderungen erzeugen. Dabei können diese Veränderungen manchmal sehr schnell gehen, nämlich indem wir uns einfach andere, bessere innere Bilder machen. Wenn Ihnen zum Beispiel ein Gefühl oder Verhalten, das Sie an sich erleben, als unangenehm oder hinderlich erscheint, dann ändern Sie einfach Ihre Repräsentation davon. Klingt einfach. Mit dem „richtigen" Werkzeug und dem Wissen zur richtigen Zeit ist jedoch vieles im Leben einfach.

Was nun bedeuten diese geheimnisvollen drei Buchstaben?

NLP heißt übersetzt **„Neurolinguistisches Programmieren"**.

„Neuro": Die Grundlage unserer Erfahrungen sind Sinneswahrnehmungen und deren Verarbeitung im Gehirn. Jeder einzelne unserer Kontakte mit der Umwelt geschieht durch unsere Sinneswahrnehmung, durch das Sehen, Hören, Fühlen, Schmecken, Riechen. Jeder von uns aber nimmt etwas anderes wahr, weil jeder von uns andere Erfahrungen damit verbindet. Durch die Sinneseindrücke eines jeden Menschen entsteht eine nur ihm eigene Welt, die subjektive Wirklichkeit. Menschen bilden ihre Wahrnehmung der Welt auf ihre ganz persönliche Art und Weise in ihrem Gehirn ab. Diese Abbildung der Welt kann als Landkarte bezeichnet werden. Sie dient dem einzelnen als Orientierung und wird oftmals mit der Realität verwechselt. Jeder Mensch hat seine eigene Landkarte, seine eigene Wirklichkeit und damit sein eigenes Modell von der Welt. Und es ist gerade diese Landkarte und nicht die Realität, die bestimmt, wie wir uns gegenüber uns selbst und anderen Menschen verhalten.

Die Landkarte ist nicht die Landschaft!

Wir alle haben bestimmte Sichtweisen, Modelle der Welt, in unserer Vorstellung, die unsere Wahrnehmung unserer Umgebung beeinflussen. Jeder von uns lebt nur in seiner eigenen Wirklichkeit. Das betrifft all das, was um uns herum geschieht, was wir seit unserer Geburt erfahren haben, was unser persönlicher Eindruck ist.

Jedes menschliche Verhalten besteht demnach aus neurologischen Prozessen. Diese beziehen sich auf die neurologischen und biochemischen Regelkreise in unserem Körper, auf die Verarbeitung und Repräsentation von Informationen durch unsere Sinnessysteme und die Auswirkung davon auf unsere Befindlichkeit.

Beispiel

Aus den Fenstern eines Hauses schauen drei Menschen: Derjenige, der im obersten, sonnigen Stockwerk aus dem Fenster ins Grüne sieht und die Vögel singen hört, erlebt diesen Anblick möglicherweise als wundervoll, harmonisch und denkt nur an Liebe. Derjenige, der im mittleren Stockwerk aus dem Fenster sieht, denkt vielleicht gerade an den Streit, den er mit dem Nachbarn hatte, und findet die Welt ungerecht und lieblos. Derjenige, der aus dem Erdgeschoß aus dem Fenster sieht, erlebt möglicherweise den lauten Straßenverkehr, den Autogestank und ist deprimiert über die schlaflosen Nächte, die ihm das bereitet.

„Linguistisch": Die Vorgänge im Nervensystem spiegeln sich in unserer Sprache wider, auch in der nonverbalen, der Körpersprache. Unsere Sprache bzw. Ausdrucksweise verrät, was wirklich in unserem Kopf vor sich geht. In diesem Zusammenhang nutzt der Mensch die vielseitigen sprachlichen Gestaltungsprozesse der Generalisierung, Nominalisierung, Tilgung, Präsupposition und Verzerrung (s. Kapitel Fragetechnik). Nervensystem und Sprache beeinflussen sich gegenseitig in Form von wechselseitigen Prozessen. Unsere neurologischen Prozesse beeinflussen unsere Sprache, und unsere Sprache spiegelt diese Prozesse wider. Dadurch entstehen unsere Befindlichkeiten, unsere internalen Zustände, die wiederum zu entsprechenden Verhaltensweisen führen. Die Worte, die wir verwenden, um Erfahrungen zu beschreiben, sind nicht die Erfahrungen selbst. Sie sind nur deren verbale Repräsentation. Daher leuchtet es ein, daß unser Erfolg weitgehend davon abhängt, wie genau die Worte sind, mit denen wir unsere Absichten und Ziele beschreiben, das heißt, wie genau die Landkarte die Landschaft wiedergibt.

Beispiel

Sie können sagen: „Ich möchte nicht mehr dick sein und werde keine fettigen Pommes frites und süßtriefenden Streuselkuchen mehr essen", oder Sie können sagen: „Ich spüre, wie die Vitamine des frischen Obstsaftes mich fit machen, und beiße gleich noch einmal in einen knackigen Apfel, um das Gefühl von Vitalität und Gesundheit in vollen Zügen zu genießen."

„Programmieren“: Wir denken, fühlen, handeln in Mustern oder Programmen, die sich verändern, verbessern und erweitern lassen. Aufgrund von Erfahrung und Wahrnehmung haben wir im Laufe unseres Lebens bestimmte Verhaltensweisen (Muster oder Prägungen) entwickelt, von denen wir glauben, daß sie in den jeweiligen Situationen angemessen sind. Diese Verhaltensweisen laufen bei uns automatisch und unbewußt ab und bestimmen uns, so zu sein, wie wir sind, auch wenn wir uns manchmal eine andere Reaktion wünschen.

Beispiel

Nehmen wir zum Beispiel die KV-Phobie, die bei manchen Kollegen auftritt: Immer, wenn Sie das Haus der Kassenärztlichen Vereinigung betreten, steigt Ihr Blutdruck, bekommen Sie Schweißausbrüche, fängt Ihr Herz an zu rasen, packt Sie eine Wut im Bauch, alles krampft sich zusammen, usw. Das läuft alles unbewußt und automatisch ab wie ein Programm. Diese Programme zu erkennen heißt auch, sie anzuerkennen, und aber auch, zu lernen, daß man sie gegebenenfalls verändern kann, das heißt, es ist möglich, mit Hilfe von Techniken aus dem NLP unerwünschte Verhaltensweisen „umzuprogrammieren“. Keiner muß unerwünschte Verhaltensweisen bei sich selbst hinnehmen.

4. Die NLP-Philosophie – Grundannahmen

„NLP ist das, was du tust, damit es dir und anderen gut geht." – K. Nielsen

Das heißt, es geht darum, sich selbst in einen guten Zustand zu versetzen und dadurch auch seine Mitmenschen in einen guten Zustand zu bringen. NLP sucht immer die beste Lösung für alle. Das beinhaltet einen ganzheitlich-respektvollen Ansatz, denn es geht nicht darum, einem Menschen nur kurzfristig zu helfen, sondern, ihn zu einer dauerhaften Lösung zu führen. Denn NLP ist sehr pragmatisch: Über die bloße Bewußtmachung von Problemen und negativen Denk- und Verhaltensmustern hinaus werden hier Wege aufgezeigt, die jeden ans selbstgesteckte Ziel bringen.

Welches sind nun die Grundannahmen im NLP?

1. Alle Fähigkeiten zur Lösung eines Problems sind bereits in uns und müssen nur von uns wahrgenommen werden. Wenn es auch nur einem Menschen gelingt, etwas Bestimmtes zu tun, können es potentiell alle. Nur hat jeder gerade eine andere Schublade geöffnet. Diesen Prozessen liegt der Gedanke zugrunde, daß alle Menschen im Prinzip dieselbe Neurologie teilen, das heißt, jeder von uns kann lernen, was andere bereits erlernt haben, wenn er dieselben neurologischen Prozesse und Abläufe bei sich selbst aktivieren kann. Aus dieser Annahme ist das Modellieren herausragender Persönlichkeiten und Genies wie zum Beispiel Mozart, Einstein, Disney entstanden.

2. Es gibt keine Fehler oder Mißerfolge in der Kommunikation, es gibt nur Feedback, Resultate. Jeder hat schon einmal erlebt, daß er etwas Bestimmtes erreichen wollte und etwas ganz anderes dabei herauskam. Jemand bringt aus Liebe zu seiner Partnerin einen großen Rosenstrauß mit nach Hause, und die Partnerin beschwert sich, weil sie schon lange nicht mehr von ihm in den Arm genommen worden ist. Wir erzielen ständig irgendwelche Ergebnisse. Manchmal sind es nicht die, die wir uns gewünscht haben, immer jedoch entsteht aus einem Ergebnis eine neue Erfahrung. Mit Hilfe dieser können wir immer wieder versuchen, das von uns gewünschte Resultat zu erreichen.

3. Wenn Sie das gewünschte Resultat nicht erhalten, müssen Sie Ihr Verhalten ändern. Aus dem eben Gesagten – es gibt nur Feedback – ergibt sich, daß man sein Verhalten so lange ändern muß, bis man sein Ergebnis erreicht hat. Denn sonst rennt man möglicherweise „gegen eine Wand“. Daher ist es nicht sinnvoll, andere für irgendwelche Mißgeschicke verantwortlich zu machen, sondern erfolgsversprechender, selbst nach neuen Wegen zu suchen.

4. Sie oder Ihre Mitarbeiter treffen immer die beste Entscheidung, die Ihnen/ihnen in dem Moment verfügbar ist. Das bedeutet nicht, daß Sie/sie zu anderen Zeiten nicht vielleicht bessere Ideen haben oder bessere Entscheidungen treffen.

5. Jeder Gedanke, jede Vorstellung manifestiert sich im körperlichen Ausdruck (Physiologie). Ein depressiver Patient sitzt in einer anderen Körperhaltung und mit anderer Mimik vor Ihnen und benutzt eine andere Stimmlage und Worte als der erfolgreiche, dynamische Jungunternehmer, der Ihre Praxis aufsucht.

6. Es gibt keinen Widerstand, nur unflexible Menschen. Allein Sie geben dem Verhalten eines anderen die Bedeutung, er würde Widerstand leisten. Der Betreffende tut jedoch in dem Moment lediglich das, wozu er gerade fähig ist. Nehmen Sie an, Ihr Chef ist ärgerlich über Sie und verschränkt seine Arme als Zeichen, daß für ihn die Unterhaltung beendet ist. Sie können dann auch „dicht“machen, was Sie sicherlich im Gespräch nicht weiterbringt. Sie können jedoch auch flexibel reagieren und nach weiteren Möglichkeiten suchen, das Gespräch in eine Richtung zu lenken, die Sie Ihren Zielen näherkommen läßt.

7. Jeder lebt in seinem einzigartigen Modell der Welt, seiner subjektiven Wirklichkeit. Das bedeutet, Dinge, Situationen, Personen haben für jeden einzelnen unterschiedliche Bedeutungen. Jeder betrachtet die Welt durch seine Augen und filtert nach gut und schlecht, angenehm und unangenehm, hübsch und häßlich usw.

8. Das Modell ist nicht die Wirklichkeit – die Landkarte ist nicht das Gebiet. Das bedeutet, daß jeder die Wirklichkeit durch sein persönliches Denkraster sieht, hört und erfährt. Unsere geistigen Bilder machen uns zu dem, was wir sind: erfolgreich oder erfolglos. Unsere Welt, unsere Wirklichkeit existiert in unserem Kopf, und unsere Vorstellungen, unsere geistigen Bilder können uns das Leben angenehm oder unangenehm machen.

9. Jedes Verhalten einer Person entspringt einer positiven Absicht und ist auf irgendeine Weise nützlich und positiv. Es gibt jeweils zumindest einen Kontext, in dem dieses Verhalten nützlich ist. Alles geschieht aus einem bestimmten Grund und zu einem bestimmten Zweck und verfolgt eine positive Absicht.

5. Wie Sie sich auf Erfolg programmieren – der Einfluß innerer Zustände

Mit NLP erwerben Sie zum Beispiel mehr persönliche Power und Erfolg, Sie können sich selbst und andere besser motivieren, Sie erlangen die Fähigkeit, zu einem Kommunikationsmenschen zu werden, über mehr Flexibilität und Kreativität zu verfügen. Viele Unternehmen haben diese Power, die im NLP steckt, erkannt und schicken ihre Mitarbeiter zur Schulung. Natürlich geht es in Unternehmen oder im persönlichen Leben jedes einzelnen nach wie vor um Erfolg, doch hat man erkannt, daß sich hinter dem Wort Erfolg viel mehr verbirgt, zum Beispiel: Wie sieht meine persönliche Vision aus? Wie sehen meine Ziele aus?

Wir alle brauchen im Leben Ziele, wenn wir erfolgreich sein wollen. Sonst geht es uns wie Karl Valentin, der in die Straßenbahn einstieg und die anderen Leute fragte: „Kann mir jemand sagen, wo ich hin will?“ Wenn wir also Erfolg haben wollen, müssen wir unsere Ziele so formulieren, daß sie erfolgsorientiert sind. Um Erfolge zu erreichen, wurde eine Flut von Techniken und Regeln entwickelt, die für viele Menschen Lebenshilfe und Weiterkommen bedeuten. Bekannte Erfolgsmethodiker sind Dale Carnegie, Joseph Murphy, Norman Vincent Peale, Wolfgang Mewes, Anthony Robbins und Walter Staples. Sich mit NLP auf Erfolg zu programmieren kann einem dabei helfen, das eigene Leben zu gestalten, denn Erfolg kann gelernt und trainiert werden. Es gibt kein Patentrezept für den Erfolg, aber es gibt viele Wege dorthin.

Ein Arzt, der gutgelaunt seine Praxis betritt und sich jeden Tag neu auf die Herausforderungen mit Patienten und Mitarbeitern freut, geht mit einer bestimmten Vorstellung und Überzeugung in die Praxis. Er sieht in seiner inneren Vorstellung Bilder von freundlichen Menschen, die nur auf ihn warten und ihn möglicherweise bewundern. Er bringt sich selbst in einen guten Zustand, der ressourcevoll ist. Er weiß, daß er anerkannt ist. Wer nur unerfreuliche Honorardiskussionen im Kopf hat, seine Patienten als Unterbrechung seiner Freizeit und seine Mitarbeiterinnen als bezahlte Feinde betrachtet, verdirbt sich den Spaß an der Arbeit und geht möglicherweise mürrisch und widerwillig in die Praxis.

Unsere geistigen Bilder machen uns zu dem, was wir sind: erfolgreich oder erfolglos. Unsere Welt, unsere Wirklichkeit existiert in unserem Kopf, und unsere Vorstellungen, unsere geistigen Bilder können uns das Leben leicht- oder schwermachen. Da wir also nicht wissen, wie die Dinge wirklich sind, sondern nur, wie wir uns die Dinge repräsentieren, erscheint es sinnvoll, diese gleich so zu repräsentieren, daß sie uns und anderen nützen. Das heißt, erfolgreich können Sie nur sein, wenn Sie Ihre inneren Repräsentationen so gestalten, daß sie Sie in einen Zustand führen, der ressourcevoll genug ist, daß Sie das Verhalten ausführen können, das Sie zum Erfolg führt. Wenn Sie sich vorstellen, daß Ihre Praxis nie auf einen grünen Zweig kommt, dann wird sie auch nie gut gehen. Wenn Sie sich jedoch vorstellen, daß Sie immer viele, zufriedene Patienten und freundliche, liebevolle Mitarbeiter haben sowie daß immer genug Geld zur Verfügung steht, dann werden Sie es auch bekommen. Denn Sie schaffen mit dieser positiven Einstellung und Vorstellung zugleich auch die inneren Voraussetzungen, diesen Zustand zu erzeugen, der es uns erlaubt, erfolgreich zu sein.

Das NLP bietet viele Möglichkeiten an, sich auf Erfolg zu programmieren. Eine davon ist, sich in einen guten Zustand zu versetzen und bewußt zu leben. Ihre Körperhaltung und ganze Ausstrahlung wird dann eine andere sein, als wenn Sie deprimiert sind.

Einmal saß eine Patientin mit einer schweren Depression in meinem Sprechzimmer. Sie erzählte mir, warum und wie lange sie diesen depressiven Zustand schon hatte. Sie saß vor mir mit eingezogenen Schultern, der Kopf lastete schwer auf ihren Schultern, die Hände waren passiv in den Schoß gelegt, der Gesichtsausdruck unbewegt mit hängenden Mundwinkeln. Nach einiger Zeit bat ich sie, doch einmal aufzustehen, sich aufzurichten, den Kopf zu heben, die Hände auf die Hüften zu legen und fragte sie, wie sie sich jetzt fühle. Sie meinte, sie könne im Moment gar nicht richtig depressiv sein. Jedoch strebte sie den Anfangszustand sofort wieder an, so daß es hier wichtig wurde, nach der Absicht zu fragen, aus der heraus sie gerade Depression wählte. Das ist jedoch ein anderes Kapitel.

Es zeigt sich, wie wir bereits mit kleinen Veränderungen in der Körperhaltung unsere innere Einstellung zu den Dingen verändern können. Nehmen Sie zum Beispiel das Telefonieren. Sie möchten bei einer Behörde um schnelle Erledigung eines Vorganges bitten. Nun werden Sie jedoch seit zehn Minuten innerhalb der Behörde von Stelle zu Stelle weitergereicht. Wie ist Ihre Körperhaltung am Telefon, wenn Sie seit zehn Minuten ungeduldig warten? Sicher nicht gerade entspannt, sondern ungeduldig, verkrampft, verärgert. Denn Ihre äußere Haltung, Körperhaltung, Atmung, Mimik, Gestik, Stimme und vieles mehr geben sehr eindeutige Hinweise auf Ihre momentane innere Einstellung und Stimmung. Dabei kann der Mitarbeiter der letzten Stelle, der nun für Sie zuständig ist, nichts dafür, daß Sie zehn Minuten lang weiterverbunden worden sind. Wenn Sie ihn nun aus dieser Körperhaltung heraus ansprechen, können Sie nur aus Ihrer inneren Haltung heraus handeln und werden ihn möglicherweise ungeduldig, unwirsch, aggressiv ansprechen. Das Feedback ist Ihnen sicherlich klar.

Sie werden mehr erreichen können, wenn Sie eine positive Erfolgseinstellung haben. Das Denken an Erfolg muß für Sie zunächst zu einer Selbstverständlichkeit werden. Worte wie Mißerfolg, Unglück, Pech sollten Sie aus Ihrem Wortschatz streichen. Wenn Sie erkannt haben, daß Ihre persönlichen Probleme die Ursache in negativen Denkgewohnheiten haben, werden Sie auch erkennen, daß allein Sie den Schlüssel zur Lösung Ihrer Probleme in sich tragen. Wichtig ist, die Verantwortung für Ihren Erfolg selbst in die Hand zu nehmen und nicht auf sogenannte „günstige Gelegenheiten" zu warten oder darauf, daß andere Ihnen helfen. Hoffen auf Gelegenheiten und Warten dient nur dem Zweck, die Verantwortung wegzuschieben. Meist nennen wir es dann Schicksal. Unser ganzes Verhalten wird durch innere Vorstellungen und Gedanken bestimmt. Eine wesentliche Voraussetzung, sich auf Erfolg zu programmieren, besteht darin, zu glauben, daß Sie Erfolg überhaupt verdienen. Ihre innere Einstellung läßt Sie dann entsprechend agieren.

Faktoren, die erfolgreiche Menschen auszeichnen

- Klarheit der Ziele,
- sie wissen, was sie wollen,
- sie haben ein gutes Selbstvertrauen,
- Entscheidungsfreude,
- sie setzen ihre Energie konzentriert und wirksam ein,
- sie haben eine positive Ausstrahlung.

Sie haben sich in diesem Kapitel bewußtgemacht, daß die innere Einstellung Einfluß auf Ihre Physiologie, Ihren körperlichen Ausdruck, hat. Nehmen Sie zum Beispiel den Ausdruck des Lächelns. Auf der einen Seite bewirkt Lächeln etwas bei Ihrem Gesprächspartner, nämlich erst einmal einen positiven Eindruck. Auf der anderen Seite bewirkt Lächeln auch etwas in Ihnen. Medizinisch-biologisch ausgedrückt: Unsere Lachmuskeln senden ein positives Signal zum Gehirn aus. Dadurch passiert folgendes: Der Thymus wird stimuliert. Dadurch wiederum entstehen positive Gefühle in uns. Das heißt, wenn Sie lernen können, etwas häufiger zu lächeln, werden Sie zwangsläufig mehr positive und weniger negative Gefühle erleben und können damit „rein biologisch" etwas für Ihre Gesundheit tun. Da Sie aufgrund Ihres Lächelns wie gesagt auch eine Reaktion aus Ihrer Umgebung erhalten, tun Sie darüber hinaus auch etwas für Ihre Seele.

Übung

Nehmen Sie einmal bequem Platz und schauen Sie in einen Spiegel, am besten in einen Taschenspiegel. Dann versuchen Sie einmal, genau eine Minute lang zu lächeln. Lächeln Sie auch dann weiter, wenn es im Anfang nur wie eine Grimasse aussieht. Sie müssen auf jeden Fall sechzig Sekunden lang durchhalten. Dabei ist es wichtig, daß Ihre Mundwinkel „oben" bleiben.
Sie werden bemerken, daß Sie sich danach anders, besser fühlen. Psychologen haben herausgefunden, daß man sich um 30% besser fühlt, wobei man

natürlich Gefühle nicht messen kann und dieser Prozentsatz als Vorstellungshilfe aufzufassen ist. Notieren Sie anschließend Ihre Erfahrungen auf einem Blatt Papier.

6. Verbale und nonverbale Hinweise bei der Kommunikation – genaue Wahrnehmung

Im NLP wird eine Reihe von verbalen und nonverbalen Hinweisen beschrieben, mit deren Hilfe sich die Schrittfolge eines Denkprozesses den jeweils benutzten Sinnessystemen zuordnen läßt. Besonders Ärzte glauben, mit ihrem Beruf zugleich auch das Thema Kommunikation gepachtet zu haben, ist doch Reden und das Eingehen auf den Patienten eines der wichtigsten Dinge im Verständnisprozeß. So können vor der Brust verschränkte Arme zum Beispiel Verschlossenheit signalisieren, aber auch sagen: „Ich friere." Stirnrunzeln kann Ablehnung bedeuten, jedoch auch Entrüstung. Häufig sind derartige Interpretationen ohne das Berücksichtigen weiterer verbaler/nonverbaler Hinweise die Ursache für falsche Entscheidungen oder Vorurteile. Wir können uns alle an Situationen erinnern, in denen Worte und Gesten einen sehr starken Eindruck auf uns gemacht haben, ebenso wie wir auch Gelegenheiten kennen, bei denen die Verständigung völlig mißlungen ist. Ein Arzt, der entsprechende Hinweise nicht wahrnimmt, redet möglicherweise am Patienten vorbei und verliert ihn schlimmstenfalls. Und er weiß dann meist nicht einmal, warum der Patient nicht wiedergekommen ist.

Wenn Sie zum Beispiel einen Patienten nach einem seiner schönsten Erfolgserlebnisse befragen, werden Sie eventuell bemerken, daß sich seine Augen nach oben links richten (um sich Zugang zur Erinnerung an dieses Erlebnis zu verschaffen), sich seine Pupillen weiten, er die Augen dann zusammenkneift (um das innere Bild noch schärfer zu sehen), sich seine Augen dann nach unten richten (das dazugehörige Gefühl wird erinnert), die Hautfarbe im Gesicht und am Hals an Rötung zunimmt (das Gefühl wird verstärkt), daß die Atmung sich verändert (vielleicht schneller, flacher wird), eine bestimmte Gestik folgt und der Patient vielleicht am Ende mit lauter Stimme ein Geräusch macht (Wow!). Genaue Wahrnehmung verbaler und nonverbaler Reaktionen gehören zu den wichtigsten Fähigkeiten von

Leuten, die beruflich mit Menschen zu tun haben, wie z.B. von Ärzten, Managern, Lehrern, Menschen in Sozialberufen, Verkäufern und vielen anderen.

Bei der Arbeit mit NLP kommt es auf die genaue Wahrnehmung von bestimmten Zuständen an, die man Physiologien nennt. Dazu gehören hauptsächlich Augenbewegungen/ Blickrichtungen, Hautfarbe, Gesichtsfarbe, Körperhaltung, Gestik, Atmung, Mimik, Stimmqualität (Tonlage, Lautstärke), Muskelanspannung, unbewußte Bewegungen. Nach Thies Stahl – einem der wichtigsten Vertreter des NLP im deutschsprachigen Raum – unterscheidet man vier Gruppen von Physiologien: Problemphysiologie, Zielphysiologie, Ressourcenphysiologie und Versöhnungsphysiologie. Die Physiologie ist ein mächtiges Werkzeug, das wir haben, um Zustände zu verändern und in kurzer Zeit großartige Ergebnisse zu erzielen. Ein altes chinesisches Sprichwort sagt: „Wenn du Erfolg haben willst, dann verhalte dich so, als besäßest du ihn bereits." Denn es gibt kein erfolgreiches Handeln ohne Erfolgsphysiologie. Mit anderen Worten, wenn Sie in einem vitalen, dynamischen Zustand sind, geraten Sie automatisch in einen entsprechenden geistigen Zustand. Die Physiologie ist ein starker Hebel, den wir in jeder Situation anwenden können, weil sie schnell und zuverlässig funktioniert. Physiologie und internale Repräsentation sind eng miteinander verbunden. Was Sie also tun können, um in kürzester Zeit Ihren Zustand zu verändern, ist, einfach Ihre Physiologie zu verändern, das heißt Ihre Körperhaltung, Atmung, Mimik, Bewegung usw.

Die folgenden Kapitel beschäftigen sich mit den wichtigsten verbalen/nonverbalen Hinweisen.

7. Was uns die Augen verraten – Augenbewegungsmuster

Die Bewegungen der Augen, die unbewußt und scheinbar automatisch ablaufen, geben uns Hinweise darauf, zu welchem Repräsentationssystem sich der Betreffende gerade Zugang verschafft. „Das kann man ihm von den Augen ablesen", sagt auch eine Volksweisheit. Augenbewegungen weisen auf bestimmte interne Denkprozesse hin, und sie können dazu benutzt werden, um sich bestimmte Repräsentationssysteme (siehe Kapitel 8) zugänglich zu machen. Indem wir die Augenbewegungen beobachten, können wir sagen, welches Repräsentationssystem gerade in Funktion ist.

Die Arbeit mit den Augenmustern galt lange Zeit als der Inbegriff des NLP. Sie bieten die Möglichkeit, Ihren Patienten bei seiner Problem- und Zielbestimmung zu unterstützen und Veränderungsprozesse durchzuführen. Sie geben Hinweise darauf, welche Wahrnehmungsebene Ihr Patient bevorzugt. Dadurch haben Sie die Möglichkeit, ihn „richtig" anzusprechen. Achten Sie einmal während einer Unterhaltung auf die Augenbewegungen. Unten sind einige Fragen aufgeführt, die jeweils auf einen internalen Prozeß zielen.

Folgende sechs Augenbewegungsmuster unterscheidet man (gilt für ca. 80% aller Menschen, vorwiegend für Rechtshänder):

1. Augen nach oben rechts: visuell konstruiert. Man sieht Bilder von Dingen, die man noch nie gesehen hat oder die man anders sieht, als man sie irgendwann gesehen hat. Visuelles Konstruieren ist wichtig beim Lernen, weil man sich Informationen leichter erinnern kann, wenn man sich ein Bild davon macht. Man hat herausgefunden, daß die berühmtesten Wissenschaftler eine sehr gute Fähigkeit besitzen, Bilder zu konstruieren. Zum Beispiel weiß man, daß Albert Einstein in seiner inneren Vorstellung ein Bild von sich selbst konstruierte, wie er auf der Spitze eines Lichtstrahls durch den Raum reist. Man sagt, daß aus dieser Vision die

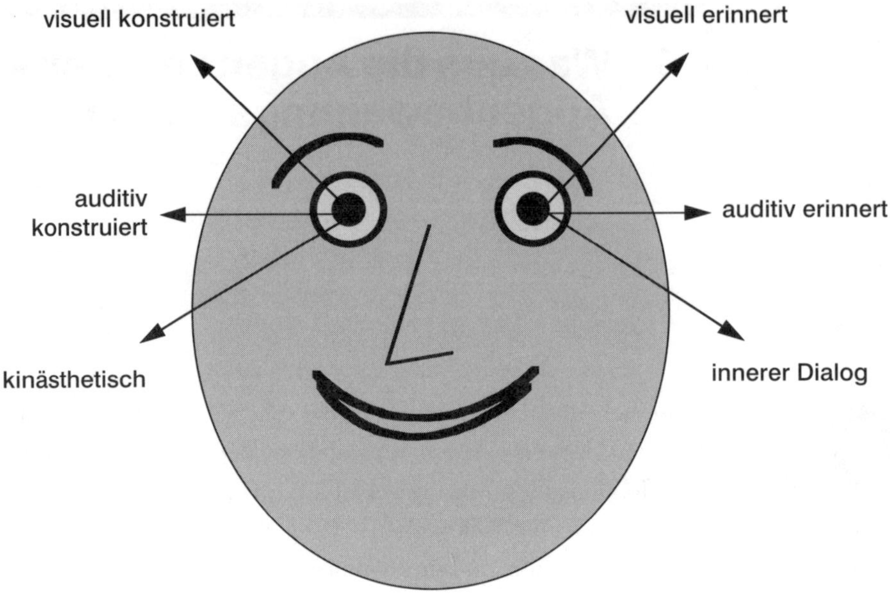

Relativitätstheorie entstanden sei. Auch beim Lesen konstruieren wir Bilder, während wir die Zeilen lesen. Daher fördert Lesen das visuelle Konstruieren. Durch zuviel Fernsehen, wobei ja bereits konstruierte Bilder angeboten werden, geht die Fähigkeit, visuell zu konstruieren, verloren.

2. Augen nach oben links: visuell erinnert. Man sieht Bilder von Dingen, die man schon einmal gesehen hat. Normalerweise erinnern Menschen Bilder in der Weise, wie sie gespeichert wurden. Durch diese Augenposition kann man Zugang zu visuellen Erfahrungen gewinnen, die man unbewußt gespeichert hat.

3. Augen nach rechts in Mittelstellung: auditiv konstruiert. Man erinnert sich an Worte, Geräusche, Klänge, die man entweder noch nie gehört hat oder die man auf neue Art und Weise hört. Komponisten haben die besondere Fähigkeit, Klänge zu konstruieren, die nie zuvor gehört wurden. Gute Redner bringen Gedanken in Worte, die sie vorher auditiv konstruiert haben.

4. Augen nach links in Mittelstellung: auditiv erinnert. Man hört Worte, Geräusche, Klänge, die man schon einmal gehört hat. Musikalisch begabte Menschen haben eine besonders ausgeprägte Fähigkeit, sich an Klänge, Stimmen und

Geräusche zu erinnern. Menschen, die Sprachen schnell lernen und sprechen können, haben die Fähigkeit, jede Sprache in ihrer eigenen Melodie und ihrem Tempo zu speichern und zu erinnern. Auditiven Menschen ist es häufig wichtiger, wie etwas klingt (auditiv-tonal), als was gesagt wird (auditiv-digital).

5. Augen nach rechts unten: kinästhetisch. Man erinnert Empfindungen, Emotionen, Gerüche und Geschmack. Besonders Sportler haben die Fähigkeit, während des Trainings ihre Aufmerksamkeit auf Körperempfindungen zu lenken und diese Wahrnehmungen bewußt zu erinnern. Die kinästhetische Wahrnehmung bezieht sich auf innerlich und äußerlich ausgelöste Empfindungen. Gerüche werden ebenfalls durch diese Augenbewegung repräsentiert. Gerüche, die uns nicht unbedingt bewußt werden, können intensive emotionale Zustände bewirken. Der Geruch hat von den fünf Sinnen als einziger eine direkte Verbindung zu dem Gehirnbereich, der die Gefühle steuert. Daher beeinflussen Gerüche auf unbewußtem Wege direkt unser Verhalten. Der Geschmack, bestehend aus den Sinneseindrücken süß, sauer, bitter und salzig, kann ebenfalls erinnert oder konstruiert werden.

6. Augen nach links unten: innerer Dialog. Das heißt, jemand redet mit sich selbst. Wir hören gleichsam in uns hinein, um herauszufinden, ob sich etwas sinnvoll anhört. Auch wenn wir eine Entscheidung treffen zu dem, was wir hören, reden wir unbewußt mit uns selbst.

Wenn Sie auf die Augenbewegungen bei Ihrem Gesprächspartner achten, werden Sie feststellen, daß häufig eine Folge vieler Augenbewegungen festzustellen ist, also nicht immer eindeutig eine Augenbewegung einem bestimmten Vorgang zuzuordnen ist. Das bedeutet, daß die Person eine Reihe von Gedanken durchgegangen ist, bevor sie auf die betreffende Frage antworten konnte. Zum Beispiel könnte sie sagen: „Ich hatte den Eindruck, daß die Frage schwierig klingt, dann sah ich den Tisch vor mir, und daß die Tischdecke voller Tomatenketchup-Flecke war.“ Es läuft also eine ganze sogenannte Strategie ab, um zur Antwort zu kommen. Im Praxisalltag, und nicht nur dort, ist es sehr sinnvoll, wenn Sie die Augenmuster wahrnehmen können, um Hinweise auf interne Prozesse zu erhalten. Sie können so herausfinden, welche Strategien zum Beispiel Ihr Patient hat, wenn es darum geht, die Entscheidung zu treffen, ob er die von Ihnen verordneten Tabletten einnehmen wird oder nicht.

Menschen, die vorwiegend visuell orientiert sind, sehen ihre Welt in Bildern und sprechen eher schnell. Ihre Stimme klingt meist hoch, nasal und gepreßt, der Kopf ist etwas angehoben. Auditiv orientierte Menschen benutzen eher Worte aus dem Klangbereich: „Es hört sich gut an“, „Das klingt vielversprechend“, sie haben meist eine klangvolle Stimme, reden langsam, rhythmisch. Der Kopf wird oft gerade gehalten oder ein wenig seitlich geneigt (wie beim Zuhören). Kinästhetische Menschen reden noch langsamer, möchten etwas „begreifen“, wollen „ein Gefühl für etwas bekommen“. Ist der Kopf gesenkt, sind die Halsmuskeln entspannt, und ist das Gesicht gerötet, weist das auf eine kinästhetische Orientierung hin.

Übung

Bitten Sie einen Freund, folgende Fragen zu beantworten, und achten Sie auf seine Augenbewegungen. Es kann sein, daß es mehr als eine Bewegung gibt, dann notieren Sie diese. Denn es kann z.B. sein, daß Ihr Freund vielleicht zuerst ein Bild sieht und danach ein Gefühl erlebt, d.h., seine Augen gehen erst einmal nach oben und danach nach unten. Auch im täglichen Praxisablauf können Sie am Patienten „üben“, indem Sie auf die Augenbewegungen achten.

Visuell konstruiert:

„Stellen Sie sich einmal vor, wie ein rosaroter Elefant auf einem Seil zwischen den Wolkenkratzern von New York balanciert."

„Wie würden Sie mit lila Haaren aussehen?"

„Stellen Sie sich einen gedeckten Tisch vor, und die Gläser stehen auf dem Kopf."

„Stellen Sie sich vor, Sie hätten eine grüne Nase."

„Stellen Sie sich vor, Sie treten mit Sean Connery in einem Film auf."

„Stellen Sie sich vor, wie Sie mit 80 Jahren aussehen."

rechte Seite

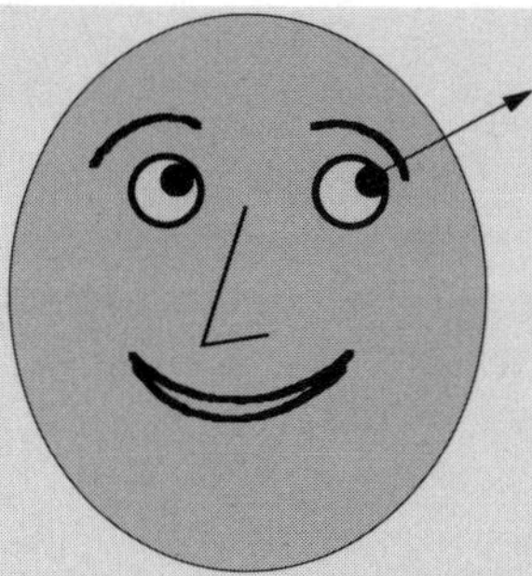

linke Seite

Visuell erinnert:

„Wie sieht die Tapete in Ihrem Wohnzimmer aus?"
„Welche Farbe haben die Augen Ihres Vaters?"
„Welche Farbe hat Ihr Auto?"
„Welche Farbe hat die Bettdecke auf Ihrem Bett?"
„Wie sah das Gebäude Ihrer Grundschule aus?"
„Wie sieht Ihr Kittel aus, den Sie in der Praxis tragen?"

rechte Seite

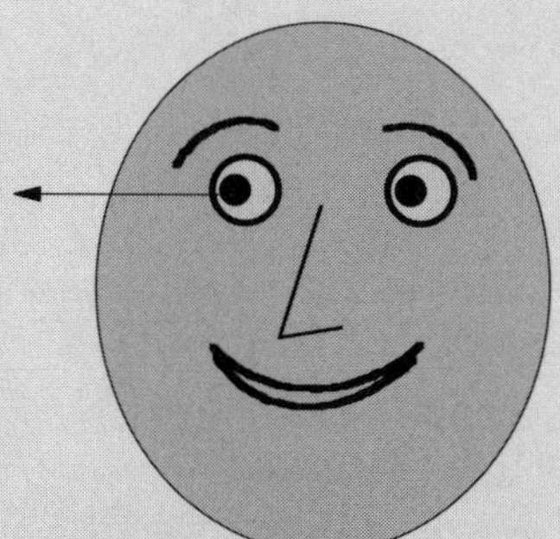

linke Seite

Auditiv konstruiert:

„Wie klingt Ihr Name rückwärts ausgesprochen?"
„Wie hört sich Mozarts »Kleine Nachtmusik« als Rockmusik an?"
„Wie hört sich ein Vulkanausbruch an?"
„Wie klingt Musik, die Sie selbst komponiert haben?"
„Wie würde sich Ihre Stimme unter Wasser anhören?"

Auditiv erinnert:
„Wie hört es sich an, wenn ein Auto mit quietschenden Reifen um die Kurve fährt?"
„Wie klingt Ihr Lieblingslied?"
„Wie klingt die Stimme Ihrer Mutter?"
„Wie hört sich eine miauende Katze an?"
„Wie hört es sich an, wenn ein Luftballon zerplatzt?"
„Wie hört sich das Geräusch im Film »Der weiße Hai« an, wenn der Hai dabei ist, aufzutauchen?"
„Wie hörte es sich an, als Kennedy sagte: »Ich bin ein Berliner«?"

Kinästhetisch:
„Wie fühlt es sich an, einen Käfer auf dem Bein krabbeln zu lassen?"
„Wie ist das, wenn Sie barfuß über warmen Sand laufen?"
„Wie fühlt es sich an, wenn Ihnen jemand einen Eiswürfel ins Hemd steckt?"
„Wie fühlt sich der Stich einer Mücke an?"
„Wie ist es, wenn Sie sich an der heißen Kochplatte verbrennen?"
„Wie ist das Gefühl, wenn Ihnen der Friseur eine Kopfmassage gibt?"

„Wie fühlt es sich an, wenn jemand mit warmen Händen über Ihren Rücken streicht?"
„Wie ist es, wenn Sie nasse Socken anziehen?"
„Wie ist es, in ein wohlig warmes Bad zu gehen?"
„Wie ist es, wenn Sie eine total versalzene Suppe probieren?"

Innerer Dialog:
„Wie reden Sie sich selbst beim inneren Dialog an?"
„Von welcher Seite kommt dabei die Stimme?"
„Ist die Stimme freundlich oder unfreundlich?"
„Was sagen Sie sich, wenn etwas schiefgelaufen ist?"
„Singen Sie im stillen Ihr Lieblingslied."
„Was war das letzte Problem, das Sie »durchgesprochen« haben?"

8. Welche Sprache spricht mein Patient? Repräsentationssysteme, Wahrnehmungstypen

Kommunikation ist **sehen**:
Jeder weiß, daß ein schreiendes Baby nicht glücklich ist. Es kommuniziert mit seinen Eltern, und sie verstehen die Botschaft, die sie sehen – und hören. Zwei verliebte Menschen brauchen in bestimmten Situationen nicht miteinander zu sprechen, um sich zu verstehen, sie wissen, wie sie sich mit ihren Augen, ihren Blicken miteinander verständigen. Wenn der Angestellte zu seinem Chef gerufen wird, weil er eine Sache nicht gut gemacht hat, und der Chef die Stirn in Falten legt und die Nase rümpft, wird der Angestellte diese Botschaft zu deuten wissen. Ohne Zeichensprache könnten sich Taucher unter Wasser nicht verständigen.

Kommunikation ist **hören**:
Jeder kennt bestimmte Laute oder Signale und wird die Botschaft verstehen, wenn ein Polizist mit seiner Trillerpfeife ruft, wenn er das klägliche Miauen einer Katze hört oder wenn jemand an die Tür klopft.

Kommunikation ist **fühlen**:
Wenn eine Mutter ihrem Kind leicht über die Haare streicht oder die beruhigende, warme Hand auf seinen Bauch legt, wenn es Bauchweh hat, dann weiß es, was diese Botschaft zu bedeuten hat. Kinder lernen aus Erfahrung, daß z.B. das Berühren einer heißen Herdplatte einen Schmerz auslöst oder daß das Berühren eines Kaktus nicht besonders angenehm ist.

Kommunikation ist **riechen**:
Wenn die Großmutter zu Weihnachten Weihnachtsplätzchen gebacken hat, dann braucht sie ihre Enkelkinder meist nicht zu rufen, denn der köstliche Duft wird die

Kinder von allein in die Küche führen. Männer und Frauen benutzen Parfums, wenn sie ausgehen. „Ich kann jemanden nicht riechen“, ist eine eindeutige Botschaft.

Kommunikation ist **schmecken:**
Man sagt in Deutschland: Liebe geht durch den Magen. Wenn der Ehemann für seine Frau ihr Lieblingsgericht gekocht hat und sie es gemeinsam essen und genießen, wird diese Botschaft von der Frau verstanden werden, ohne daß sie darüber sprechen müßten.

Wenn wir unseren Patienten erreichen wollen, also in seiner Sprache sprechen wollen, müssen wir zuerst herausfinden, in welcher Sprache er redet, in welchem Repräsentationssystem er sich hauptsächlich befindet. Sie können mit NLP lernen, auf jeden einzelnen so einzugehen, wie es für ihn nötig ist. Wie wir wissen, haben wir fünf Sinne bzw. fünf grundlegende Repräsentationssysteme oder Wahrnehmungsebenen, die wir alle verwenden. Doch die meisten von uns haben starke Vorlieben für die eine oder andere und benutzen daher überwiegend ein Repräsentationssystem. Wenn wir erkennen, in welchem Repräsentationssystem sich ein Patient vorwiegend befindet, können wir uns darauf einstellen und dadurch einen stärkeren Kontakt zu ihm aufbauen. Unsere fünf Sinne bestimmen, wie wir uns verhalten. Das heißt, daß einige von uns Bilder bevorzugen, andere von uns eher Klänge und einige von uns Gefühle, um der Welt einen Sinn zu geben. Das olfaktorische und gustatorische System spielen eine untergeordnete Rolle. Diese eignen sich jedoch vorzüglich zum Ankern von Erfahrungen und Zuständen, worauf wir später noch kommen. Wir kennen demnach drei „Kategorien“ von Menschen, die verschiedene Sprachen sprechen, auch wenn sie alle deutsch reden. Ein guter Gesprächspartner erkennt, welche Wahrnehmungsebene bevorzugt wird und welche Sprache gesprochen wird, um dann diese Sprache zu übernehmen und seine eigenen Ziele durch diesen Kanal zu übermitteln.

Visuell veranlagte Menschen verschlüsseln Informationen, indem sie sich überwiegend darauf verlassen, was sie sehen oder wie sie sich etwas vorstellen. Weil Sehen ein sehr schneller Prozeß ist, sprechen visuelle Menschen schnell und haben eine flache, schnelle Atmung. Sie benutzen in ihrer Sprache visuelle Ausdrücke (s.u.).

Auditiv veranlagte Menschen verarbeiten bei ihren Informationen Klänge. Sie sprechen meist etwas langsamer als visuelle Personen und atmen im mittleren Brustbereich. Sie reden gern.

Kinästhetisch veranlagte Menschen verlassen sich auf das Gefühl, äußerlich auf Berührung, Empfindung und innerlich auf Emotionen. Sie atmen tief im Bauch und reden eher langsam. Oft sind es eher empfindsame Menschen.

Das Berücksichtigen der Wahrnehmungsebene ist Voraussetzung für eine erfolgreiche Kommunikation. Natürlich ist die Einteilung der Menschen in visuelle, auditive und kinästhetische Typen etwas grob vereinfachend, aber durchaus hilfreich, wenn man neben diesen Unterscheidungen die vielen anderen Zugangshinweise berücksichtigt. Und keiner der beschriebenen Typen benutzt ausschließlich ein System. Will ein Arzt, daß der Patient versteht, was er von ihm will, ist es unumgänglich, daß er seinen Patienten in dessen Welt „erreicht".

Als Beispiel für die fünf Sinne möchte ich eine kurze Geschichte über ein wunderschönes Wochenende erzählen:

„Stellen Sie sich vor, es ist Ihr erstes arbeitsfreies Wochenende. Es ist Sonntag, und Sie sind an einen schönen Ort in der Umgebung Ihres Wohnortes gefahren. Sie haben in den letzten Wochen in der Praxis schwer gearbeitet , hatten viel Frust mit EBM, KV-Chefs, Honorarkürzungen, Ärztekammer und ähnlichem. Und jetzt sind Sie an diesem Ort, den Sie sehr mögen. Sie sind schon einige Male hier gewesen. Sie machen Pause, sind aus Ihrem Auto ausgestiegen und genießen die wunderschöne Landschaft. Sie mögen auch die Geräusche an diesem Ort. Die Ruhe und die typischen Geräusche versetzen Sie zurück in die Zeit, als Sie zum ersten Mal hier waren, und Sie erinnern sich an all die wunderbaren Tage, die Sie schon hier verbracht haben. Sie stehen da, haben eine Flasche geöffnet, einen Pappbecher in der Hand und genießen so richtig Ihren ersten arbeitsfreien Tag."

Nun: Was haben Sie gesehen? Wo war dieser Ort? Lag er am Meer? Lag er in den Bergen? War es Sommer? War es Winter? Was war in dem Pappbecher drin? Waren Sie allein? Wahrscheinlich haben Sie beim Lesen dieser Geschichte Bilder, Klänge und Gefühle erlebt. Jedoch wird der eine von Ihnen eher Bilder gesehen haben, der andere eher an die Geräusche, Klänge und Stimmen gedacht haben und ein anderer vielleicht das schöne Gefühl der warmen Sommerluft oder das Gefühl der klaren Winterluft genossen haben.

Haben Sie diese Geschichte gesehen, gehört oder gefühlt?

Menschen benutzen in der Regel überwiegend einen bestimmten Teil ihres Nervensystems, den visuellen, auditiven, kinästhetischen, olfaktorischen oder gustatorischen Teil.

visuell	V	sehen
auditiv	A	hören
kinästhetisch	K	fühlen
olfaktorisch	O	riechen
gustatorisch	G	schmecken

Die fünf Repräsentationssysteme oder Wahrnehmungsebenen

Übung

An den folgenden Sätzen können Sie proben, wie gut Sie die Repräsentationssysteme erkennen. Schreiben Sie hinter jeden Satz entsprechend V = visuell, A = auditiv, K = kinästhetisch, O = olfaktorisch, G = gustatorisch

Das ist mir klar. ☐
Die Idee klingt gut. ☐
Sie hat eine düstere Zukunft. ☐
Die Rosen verströmten einen süßen Duft. ☐
Das Klima wurde durch die raucherfüllte Luft beeinträchtigt. ☐
Sie umarmten sich. ☐
Er mußte sie immer wieder anfeuern. ☐
Der kleine Brunnen plätscherte ruhig vor sich hin. ☐
Sie verschwanden im Nebel. ☐
Ich habe das Gefühl, daß es gut gehen wird. ☐
Er sagte etwas. ☐
Sie beschwerte sich darüber. ☐
Er schrie das alles in gepfefferten Worten. ☐
Wenn ich zurückschaue, war es wunderbar. ☐
Sie hatten alles im Griff. ☐
Ich fühlte, sie hatte es begriffen. ☐
Lassen Sie uns das näher beleuchten. ☐
Das brachte einen anderen Aspekt hinein. ☐

9. Sinnesspezifische Prädikate

Hinweise auf bevorzugte Wahrnehmungsmodalitäten sind auch enthalten in Wörtern (Prädikaten), die jemand in Verbindung mit Stellung und Bewegung der Augen beim Denkprozeß benutzt. Prädikate können in dieselben Kategorien eingeteilt werden wie die fünf Repräsentationssysteme. Sie sind Wörter des Denkprozesses (Verben, Adjektive, Adverbien), mit denen jemand seine Erfahrung oder sein Modell der Welt ausdrückt. Sie drücken ebenfalls aus, welcher Teil der Erfahrung zu einem bestimmten Zeitpunkt für die Person am wichtigsten war oder ist. Wenn Menschen miteinander kommunizieren, dann reflektieren sie ihre Erfahrungen über die Welt durch Verwendung bestimmter spezifischer Wörter, die in Beziehung zu einem Repräsentationssystem oder einer Sinnesmodalität stehen. Menschen repräsentieren also in ihrer Sprechweise die Art und Weise ihres Erlebens.

Liste von möglichen Prädikaten

visuell	**auditiv**	**kinästhetisch**	**olfaktorisch/ gustatorisch**
bemerken	klingen	umarmen	schmecken
verschleiern	stammeln	binden	saftig
reflektieren	anfeuern	zerbröckeln	wohlschmeckend
einsehen	erklären	dick	süß
funkeln	diskutieren	hocken	schnauben
aufblicken	jubeln	steif	honigartig
glühen	seufzen	umkippen	beißen
anblicken	ruhig	ausrutschen	geschmackvoll
glänzen	brüllen	bürsten	köstlich
Perspektive	melodisch	kneifen	duftend
strahlen	rufen	behandeln	gepfeffert
beobachten	singen	platzen	rauchig

verheimlichen	erörtern	verrühren	dampfen
dunkel	kreischen	brechen	gewürzt
mustern	gurgelnd	zittern	sauer
verschwinden	schweigen	schwingen	salzig
oberflächlich	erwähnen	matschig	scharf
aufpassen	zuhören	erleiden	riechen
sich vorstellen	antworten	fühlen	fischig
sehen	resonant	tragen	bitter
angaffen	fragen	weich	ätzend
verschwommen	stammeln	drehen	parfümiert

Ich möchte Ihnen dazu noch ein Beispiel für Wahrnehmungsebenen und Prädikate in Form einer Beschreibung geben:

Visuell: Ein Garten liegt an einer romantischen Straße mit Kopfsteinpflaster. Er hat wundervolle Beete mit üppig in allen Farben blühenden Blumen. Der Sonnenschein taucht alles in helles Licht. Über einem strahlt der blaue Himmel, an dem vereinzelt weiße Schäfchenwölkchen zu erblicken sind. Man sieht einen festlich gedeckten Tisch in der Mitte des Gartens. Auf ihm bemerkt man lustig buntes Kaffeegeschirr. Die alten Bäume am roten Backsteinhaus geben Schatten und lassen nur an manchen Stellen das Ziegeldach in rötlichen Farben durchschimmern. Der Springbrunnen ist von Moos bedeckt, in der Mitte sitzt ein großer Frosch aus Stein. Man könnte den ganzen Tag dort verbringen, um jede Blume anzusehen, jeden Stein zu betrachten und herauszufinden, was es noch alles zu sehen gibt.

Auditiv: Ein Garten liegt an einer ruhigen Straße, die Vögel zwitschern, die Bienen summen, manchmal hört man die Blätter im Wind rascheln, in der Ferne hört man die Klänge der Kirchenglocken, in der Nähe plaudern Leute. Ein kleiner Hund bellt einen Vogel an. Ab und zu rumpelt ein knarrender Ochsenkarren vorbei. Aus der Ferne hört man Kinderstimmen. Und von einem nahegelegenen Tennisplatz hört man die monotonen Laute des Ballschlags. Ein kleiner Springbrunnen in einem Teich plätschert leise vor sich hin. Die alte Tür des Zaunes bewegt sich ächzend und knarrend im Wind. Sonst ist es sehr still.

Kinästhetisch: In diesem Garten erlebt man die Natur. Er strahlt Ruhe und Harmonie aus. Die natürliche Atmosphäre berührt einen. Das frisch gemähte Gras strömt einen angenehm-wohligen Duft aus. Beim Laufen spürt man die kleinen

Kieselsteinchen des Weges unter der Schuhsohle. Die Sonnenblumen verströmen ihre Wärme. Das Wasser im Teich ist kühl, ab und zu plumpst ein kleiner Frosch hinein, um zu dem mit weichem Moos bedeckten Stein in der Mitte des Wassers zu gelangen. Die Schilfhalme wiegen sich sanft im Wind. Man fühlt sich irgendwie wohl und hat ein tiefes Gefühl von Behaglichkeit.

In allen Fällen ist es der gleiche Garten, nur von verschiedenen Standpunkten aus beschrieben, dem visuellen, auditiven und kinästhetischen. Jeder fühlt sich wahrscheinlich von einer der drei Beschreibungen besonders angesprochen. Wenn man eine Gruppe von Leuten vor sich hat, würde man diesen Garten in allen drei Systemen beschreiben, denn jeder sucht sich dann selbst die für ihn beste Beschreibung heraus. Jeder einzelne bedient sich aber auch aller anderen Repräsentationssysteme. Daher ist es wichtig, anfangs immer alle drei Systeme anzusprechen und sich dann auf das zu konzentrieren, welches Ihr Gesprächspartner bevorzugt verwendet.

Übung: Welcher Wahrnehmungstyp sind Sie? (nach Josef Weiß)

Der Psychologe und Berater Josef Weiß hat eine einfache Übung erfunden, mit der Sie Ihren Wahrnehmungstyp herausfinden können. Ich zitiere:
Halten Sie Ihren Mittelfinger und Ihren Zeigefinger der rechten Hand in Form eines V nach oben. Nehmen Sie sich Zeit für diese Übung und schütteln Sie nach jedem Schritt Ihre Hand wieder nach unten aus.

Schritt 1:
Stellen Sie sich bitte bildhaft vor, wie sich ein unsichtbarer Faden um Ihre beiden Finger wickelt ... und Sie immer mehr zusammenbindet ... Ihr Zeigefinger ist nun an Ihren Mittelfinger angebunden ..., und Sie sehen, daß der Faden sie zusammenhält ... Während Sie dieses imaginäre Bild vor Augen haben, zählen Sie langsam bis drei. Dann versuchen Sie, Ihre Finger wieder zu öffnen. – *Fällt es Ihnen schwer, Ihre Finger auseinanderzubewegen, sind Sie ein visueller Typ.*

Schritt 2:
Halten Sie, nachdem Sie Ihre Hände ausgeschüttelt haben, wieder beide Finger nach oben und bewegen Sie sie bei geschlossenen Augen langsam aufeinander zu. In dem Moment, in dem beide zusammentreffen, denken Sie an

ein Geräusch, das sich so anhört, als ob eine schwere Tresortür ins Schloß fällt ... Ihre Finger sind nun fest miteinander verbunden ... Zählen Sie langsam bis drei und versuchen Sie dann, Ihre Finger zu öffnen. – *Ist dies mit Schwierigkeiten verbunden, sind Sie ein auditiver Typ.*

Schritt 3:

Schütteln Sie Ihre Hand wie nach Schritt 1 wieder aus und halten Sie dann beide Finger in geöffneter Haltung nach oben. Jetzt stellen Sie sich bei geschlossenen Augen vor, daß die Innenseiten beider Finger mit einer Klebemasse eingeschmiert sind. Sie spüren den Kleber richtiggehend auf der Haut, und während Sie Ihre Finger schließen, drückt er sich noch etwas zurecht ... Ihr Zeigefinger ist nun fest an Ihren Mittelfinger angeklebt ... Zählen Sie nun langsam bis drei. Versuchen Sie jetzt, Ihre Finger wieder zu öffnen. – *Gelingt Ihnen das nicht sofort, sind Sie ein kinästhetischer Typ.*

Schritt 4:

Halten Sie nach dem Ausschütteln beide Finger in gewohnter V-Haltung nach oben und stellen Sie sich nun bei geschlossenen Augen einen wohlriechenden Duft vor. Dieser Duft wird rund um Ihren Zeige- und Mittelfinger immer dichter ... Während Ihre Finger sich schließen, hält der intensiv und gut riechende Duft Ihre Finger nun fest umschlossen ... Zählen Sie langsam bis drei und versuchen Sie dann, Ihre Finger wieder zu öffnen. – *Gelingt Ihnen das nur schwer, sind Sie ein olfaktorischer Typ.*

Übung

Bei dieser Übung schreiben Sie einige Worte und Redewendungen auf, womit Sie ebenfalls Ihren Wahrnehmungstyp herausfinden können.

Meine typischen **visuellen** Worte und Redewendungen:

____

____

Meine typischen **auditiven** Worte und Redewendungen:

Meine typischen **kinästhetischen** Worte und Redewendungen:

So wie manche Menschen Rechtshänder und manche Linkshänder sind, ziehen Menschen die eine oder die andere Modalität vor. Dieses dominierende Repräsentationssystem gilt es bei unserem Gesprächspartner herauszufinden. Nachdem Sie dieses nun herausgefunden haben, müssen Sie noch die Submodalitäten finden.

10. Das feine Unterscheiden: Submodalitäten

Die in Kapitel 8 (Welche Sprache spricht mein Patient?) beschriebenen Repräsentationssysteme kann man auch als Modalitäten bezeichnen. Jede dieser Modalitäten läßt sich noch einmal in Untergruppen, in sogenannte Submodalitäten, verfeinert darstellen. Die Form internaler Repräsentationen besteht aus verschiedenen Sequenzen oder Strategien. Diese Sequenzen beinhalten wiederum Komponenten, die Submodalitäten, die im direkten Zusammenhang mit den Sinnesmodalitäten stehen und die Intensität einer erinnerten oder konstruierten Erfahrung erheblich beeinflussen. Die große Vielfalt an Submodalitäten innerhalb einer Modalität ermöglicht eine wirkungsvolle und schnelle Veränderung der Programmierung unserer Verhaltensmuster im Gehirn.

Die Vorstellung eines visuell erinnerten oder konstruierten Erlebnisses kann zum Beispiel farbig oder grau sein, groß oder klein, klar oder verschwommen usw. Die mit dem Erlebnis verbundenen Geräusche können laut oder leise, sanft oder hart, hoch oder tief sein usw. Was die kinästhetischen Submodalitäten betrifft, können Wärme oder Kälte auftreten, glatte oder rauhe Flächen usw. Die Veränderung der bestehenden Submodalitäten der Erinnerung hat immer eine Veränderung der Gefühle und Einstellungen zu dieser Erfahrung zur Folge. Was bedeutet das? Wenn Sie eine angenehme Erfahrung erinnern, können Sie die visuelle Repräsentation nach Ihren Wünschen umgestalten und die angenehme Erfahrung noch schöner und intensiver machen, indem Sie das Bild vielleicht heller und bunter machen, größer und schärfer werden lassen und es vielleicht noch näher an Ihr inneres Auge heranholen. Ebenso können Sie diesen Prozeß mit negativen Erfahrungen machen, indem Sie zum Beispiel das Bild kleiner, farbloser und verschwommener werden lassen. Dazu „packen“ Sie dann die entsprechenden Submodalitäten aus dem auditiven und kinästhetischen Bereich.

Es gibt immer zwei Möglichkeiten, unsere inneren Bilder zu verändern. Wir können verändern, **was** wir uns vorstellen, und wir können verändern, **wie** wir uns etwas vorstellen. Veränderungen der Submodalitäten verändern das **„wie"** unserer inneren Repräsentationen. Denn wir sind nicht verpflichtet, uns von mehreren Möglichkeiten immer die schlimmste auszumalen.

Wenn der geliebte Partner vielleicht zu spät nach Hause kommt, können Sie sich ausmalen, daß er in einen schlimmen Verkehrsunfall verwickelt worden ist und gerade ins Krankenhaus gebracht wird. Dadurch bringen Sie sich in einen schlechten Zustand – Sie grübeln, bekommen Angst und fühlen sich schlecht. Sie können sich jedoch auch vorstellen, daß Ihr Partner, ehe er nach Hause fahren wollte, für Sie noch etwas Schönes besorgen möchte, um Sie zu erfreuen, oder erst seine Arbeit zu Ende bringen wollte, um Sie nicht zu Hause damit zu belasten und um Zeit für Sie zu haben. Wir können uns, wie wir sehen, immer auch die angenehmste Möglichkeit vorstellen. Wir bestimmen selbst, wie unsere Bilder sein sollen. Jeder von uns verwendet besondere Submodalitäten, die bestimmte Reaktionen in uns auslösen. Wenn Sie diese Möglichkeiten für sich entdeckt haben, wie Sie Erlebnisse repräsentieren und wie Sie diese Bilder beeinflussen können, dann können Sie auch Einfluß auf diese Vorgänge nehmen und beginnen, die Vorgänge auf eine für Sie angenehme Art und Weise zu repräsentieren, so daß diese für Sie ressourcevoll werden und Sie nicht behindern.

Durch Unterscheidung in den Submodalitäten (hell/dunkel, scharf/unscharf, klein/groß, assoziiert/dissoziiert usw.) können sich Ihre Erlebnisse und Erfahrungen total verändern. Auf diese Art und Weise habe ich einmal einer übergewichtigen Patientin, die ihr erhebliches Übergewicht von 140 kg durch einen unstillbaren Heißhunger auf Schokolade bekommen hatte, beigebracht, statt Schokolade jedesmal, wenn sie ihren Heißhunger hatte, Gurken zu essen. Der Erfolg bestand natürlich darin, daß sie abnahm und sich heute mit einer guten Figur im Bikini an den Strand legen kann. Durch das Verändern der Submodalitäten können Sie gute Erfahrungen noch besser, noch intensiver machen, sich glücklicher fühlen und negative Erlebnisse unbedeutender werden lassen.

Allgemeine Liste einiger Submodalitäten

visuell	**auditiv**	**kinästhetisch**
hell – dunkel	laut – leise	Qualität
Film – Standbild	schnell – langsam	Intensität
bunt – schwarzweiß	regelmäßig – unregelmäßig	Ort
umrahmt – panoramisch	hoch – tief	Bewegung

assoziiert – dissoziiert	von wo aus?	Richtung
Klarheit	nah – fern	Tempo
Ort im Raum – Entfernung	andauernd – unterbrochen	Dauer
Kontrast	melodisch – monoton	

Fragemöglichkeiten zur Unterscheidung von Submodalitäten

Visuell

Ist es heller oder dunkler als normal?
Ist es ein Film oder ein Standbild?
Sind die Bilder (der Film) farbig oder schwarz/weiß?
Hat das Bild einen Rahmen, wenn ja, wie dick ist dieser, hat er eine Farbe, oder ist es panoramisch?
Sehen Sie sich selbst im Bild, als wären Sie dort?
Sehen Sie sich von vorne, hinten, von der Seite?
Ist das Bild klar, scharf oder verschwommen?
Wie sieht der Vordergrund/Hintergrund aus?
Ist das Bild kontrastreich/kontrastarm?

Auditiv

Ist es laut oder leise?
Ist es schnell oder langsam?
Gibt es einen bestimmten Rhythmus?
Ist die Tonlage hoch oder tief?
Woher kommen die Stimmen, Klänge, Geräusche, von nah oder fern, von innen oder außen?
Sind die Klänge permanent oder unterbrochen?
Sind die Klänge melodisch oder monoton?

Kinästhetisch

Wie ist die Körperempfindung: warm/kalt, entspannt/gespannt, bewegt, diffus?
Wie stark ist die Empfindung?
Wo fühlen Sie das?
Gibt es eine Bewegung, und ist diese wellenartig oder kontinuierlich?
Wo beginnt die Empfindung, wohin geht sie?

Ist es eine langsame oder schlagartige Bewegung?
Ist sie kontinuierlich oder unterbrochen?

Übung

Erinnern Sie sich an ein angenehmes Erlebnis, das Sie in letzter Zeit hatten. Stellen Sie sich in Gedanken vor, daß Sie es gerade noch einmal erleben. Sehen Sie nun, was Sie mit Ihren eigenen Augen gesehen haben, als ein Bild oder einen Film, farbig oder schwarz-weiß, mit einem Rahmen usw., und Sie können hören, was damals für Geräusche, Stimmen, Klänge zu hören waren, Sie fühlen, was Sie gefühlt haben, die warme Sommerluft, den feinen Sand unter Ihren Füßen usw. Sie erleben noch einmal, wie es war.
Dann erleben Sie das alles im dissoziierten Zustand (siehe Kapitel 21): Sie treten sozusagen aus Ihrem Körper heraus und sehen und fühlen, wie Sie sich aus dieser Situation entfernen, aber nur so weit, wie Sie es wünschen und wie Sie sich noch aus der Ferne sehen können. Dann können Sie sich diese Situation vorstellen, als wenn Sie sich in einem Film sähen. Sie sind der Hauptdarsteller. Wie verändern sich jeweils Ihre Gefühle zu dieser Situation? Wann waren Ihre Gefühle intensiver, im assoziierten oder im dissoziierten Zustand? Sie können die Wirkung Ihrer Erfahrungen verändern, genau wie ein Filmregisseur. Ein Regisseur kann das Bild größer oder kleiner machen, die Lautstärke und das Tempo der Musik bestimmen, die Farben des Bildes verändern, je nachdem, was er für eine Wirkung beim Publikum auslösen will. Das alles kann man auch mit einer unangenehmen Erfahrung machen. Sie stellen sich einfach vor, jemand hat Sie sehr gekränkt. Nehmen Sie das Bild und machen Sie es mit Hilfe der Liste der Submodalitäten zunächst groß, hell, malen Sie es sich in allen Farben aus.
Verändern Sie immer nur ein Element aus der Submodalitätenliste. Welche Wirkung hat das auf Sie? Danach stellen Sie sich die Situation als dunkles Bild vor, machen es vielleicht kleiner, schwärzer und lassen es in den Hintergrund rücken. Wie verändern sich jetzt Ihre Gefühle? Haben Sie Mut, mit Submodalitäten zu experimentieren!

11. Schärfen Sie Ihre Sinne – Kalibrieren

Eine wesentliche Voraussetzung bei der Anwendung von NLP besteht darin, daß Sie genau beobachten und dadurch erfahren, was eine andere Person gerade innerlich macht. Diesen Prozeß nennt man auch Kalibrieren. Jeder wird grobe Veränderungen in der Physiologie des anderen leicht bemerken können, wie Veränderung der Körperhaltung, Gewichtsverlagerung, Änderung der Kopfhaltung usw. Beim Kalibrieren sind es jedoch auch gerade die sehr feinen Veränderungen und Hinweise, die Rückschlüsse auf innere Denkprozesse erlauben. Jeder Wechsel im inneren Zustand bewirkt einen Wechsel im äußeren Ausdruck. Das bedeutet, daß man jede Veränderung im Gefühlszustand und im Denkprozeß an nonverbalen Reaktionen bemerken kann. Viele Menschen hören bei der Kommunikation nur einige Worte und bemerken einen oberflächlichen Ausdruck, das meiste während einer Unterhaltung geschieht jedoch unbewußt. Mit der Fähigkeit, Ihre Sinne darin zu schärfen, werden Sie besser sehen, hören und fühlen.

In jedem Beruf, der mit Menschen zu tun hat, ist das Kalibrieren eine hilfreiche Fertigkeit, um das für die Informationsverarbeitung und den Entscheidungsprozeß wichtige Gleichgewicht zwischen Engagement und Distanz zu halten.

Hinweise für eine Aktivität im visuellen System sind

- Finger und Hände in Augenhöhe
- Augen werden zusammengekniffen oder aufgerissen
- Augenbrauen und Stirn werden stark bewegt
- Augenbewegungen nach oben, Kopfposition nach oben gerichtet
- hohe Stimmlage
- schnelles Sprechtempo
- flache Brustatmung
- blasse Gesichtsfarbe
- Oberkörper und Nacken angespannt, Schultern hochgezogen
- dünner Körpertyp
- Hand und Finger ausgestreckt

Hinweise für eine Aktivität im auditiven Bereich sind

- Augenbewegungen nach rechts und links horizontal
- Kopf leicht schräg, Hand am Gesicht (Telefonhaltung)
- Hand- und Fingerbewegungen im Mundbereich, Finger zeigt auf ein Ohr
- Atmung regelmäßig im Zwerchfell
- melodische, weiche Tonlage
- rhythmisches, gleichmäßiges Sprechen
- gleichmäßige Gesichtsfarbe
- gleichmäßige Muskelanspannung, Muskelbewegungen am Kinn, Unterlippe schiebt sich nach vorn
- gleichmäßige Körperproportionen
- Arme verschränkt, zurückgelehnt, aufrecht sitzend

Hinweise auf eine Aktivität im kinästhetischen Bereich sind

- Augenbewegungen nach unten rechts
- Hand und Finger im Brust- und Bauchbereich sowie in der Herzgegend, Handbewegung von der Brust weg
- tiefe Bauchatmung
- langsame Sprechgeschwindigkeit
- tiefe Stimme
- Kopf nach unten rechts gedreht
- Rötung der Haut
- entspannt

- gesenkte Schultern, offene, nach oben gewendete Handflächen
- voller, weicher Körper

Das Kalibrieren auf diese fast unmerklichen Veränderungen in der Physiologie einer Person verlangt einige Übung. Mit dieser Fähigkeit können Sie jedoch bestimmte innere Zustände sowie unbewußte Signale eines Menschen erkennen, ohne daß er aussprechen muß, was er gerade gedacht hat. So können Sie während einer Unterhaltung alle Arten unbewußter nonverbaler Reaktionen beobachten. Mit einiger Übung werden Sie in der Lage sein, Einblick in die Welt des anderen zu nehmen und zu erkennen, was Ihr Gesprächspartner sagt oder nicht sagt, Ihnen jedoch deutlich zeigt. Die folgenden Übungen zu zweit machen in Seminaren meist viel Spaß, weil die Person, mit der geübt wird, in der Regel erstaunt ist, was ein anderer alles an unbewußten Reaktionen entdeckt und daraus ableiten kann, woran sie gedacht hat.

Übung zum visuellen Kalibrieren

Schritt 1:
Lassen Sie Ihren Partner an eine Person denken, die er besonders gern mag. Prägen Sie sich alle nonverbalen Hinweise ein, während Ihr Partner daran denkt, das heißt, kalibrieren Sie sich auf diese Hinweise. Gehen Sie erst zu Schritt zwei, wenn Sie sich sicher sind, den Ausdruck der Physiologie Ihres Partners wiedererkennen zu können.

Schritt 2:
Unterbrechen Sie und lassen Sie ihn an eine neutrale Situation denken (zum Beispiel: Wie bist du heute morgen aufgestanden?).

Schritt 3:
Nun lassen Sie Ihren Partner an eine ihm unangenehme Person denken, an jemanden, den er ablehnt. Kalibrieren Sie sich wiederum auf die nonverbalen Hinweise. Wenn Sie sich sicher sind, den Ausdruck der Physiologie Ihres Partners wiedererkennen zu können, unterbrechen Sie wiederum mit der Frage nach einer neutralen Situation (zum Beispiel: Was hast du heute morgen zum Frühstück gegessen?).

Schritt 4: Test

Stellen Sie fest, ob Sie sich ausreichend kalibriert haben, indem der Partner noch einmal erst an die angenehme Person denkt und danach an die unangenehme.

Schritt 5:

Ihre Aufgabe ist nun, durch Fragen herauszubekommen, an welche der beiden Personen Ihr Partner denkt. Er darf die Antwort nicht aussprechen, muß aber intensiv an die jeweilige Person denken, das heißt eine vollständige innere Repräsentation der Antwort machen. Sie beobachten dabei Färbung im Gesicht, Bewegung der Unterlippe, Veränderung in der Anspannung der Gesichtsmuskulatur, Bewegungen des Kopfes, der Schulter, Hände, Arme, Beine und Füße, Veränderungen der Atmung, Lidschlagveränderungen, Veränderung der Haare auf der Haut, Augenbewegungsmuster, Veränderung der Pupillen und Gestik. Stellen Sie zum Beispiel folgende Fragen:

- Wer von beiden ist älter?
- Wer ist größer?
- Wer hört gern klassische Musik?
- Wer hat mehr Freunde?
- Wer hat längere Haare?
- Wer zieht modischere Kleidung an?
- Wer verdient mehr Geld?
- Wer von beiden geht gerne essen?
- Wen kennen Sie länger?

Übung zum auditiven Kalibrieren

Schritt 1:

Lassen Sie Ihren Partner an eine angenehme Person denken. Dabei soll er sich diese innerlich vorstellen, ihre Stimme hören und sich an das entsprechende Gefühl erinnern. Lassen Sie ihn nun auf neutrale Art und Weise das Aussehen der Person beschreiben. Prägen Sie sich alle nonverbalen Hinweise ein, wie Sprechgeschwindigkeit, Tonlage und Sprechpausen, das heißt, kalibrieren Sie sich auf diese Hinweise. Gehen Sie erst zu Schritt zwei über, wenn Sie sich sicher sind, den Ausdruck der Physiologie Ihres Partners wiedererkennen zu können.

Schritt 2:
Unterbrechen Sie und lassen Sie ihn an eine neutrale Situation denken (zum Beispiel: Wie schmeckte deine Zahnpasta heute morgen?).

Schritt 3:
Lassen Sie nun Ihren Partner an eine unangenehme Person denken. Dabei soll er sich diese innerlich vorstellen, ihre Stimme hören und sich an das Gefühl erinnern, das die entsprechende Person in ihm hervorruft. Er soll das Aussehen dieser Person mit Worten beschreiben. Kalibrieren Sie sich auf Sprechgeschwindigkeit, Tonlage und Sprechpausen.

Schritt 4:
Unterbrechen Sie wieder mit einer neutralen Frage: Was hältst du vom morgendlichen Joggen?

Schritt 5: Test
Stellen Sie fest, ob Sie sich ausreichend kalibriert haben, indem Sie den Partner noch einmal erst an die angenehme Person und danach an die unangenehme Person denken lassen.

Schritt 6:
Lassen Sie nun Ihren Partner mit Worten einen bestimmten Kontext beschreiben, in dem sich eine der beiden Personen befindet, wie zum Beispiel:

- Beschreiben Sie eine der Personen in einer Landschaft.
- Beschreiben Sie, wie sich eine der beiden Personen in Ihrer Wohnung aufhält.

Schritt 7:
Die Aufgabe besteht darin, anhand von Tonlage (hoch/tief), Sprechtempo, Lautstärke, Atmung, Sprechrhythmus und Prädikaten herauszufinden, in welchem Kontext sich welche Person befindet.

Übung zum kinästhetischen Kalibrieren

Diese Übung wird mit drei Personen A, B und C durchgeführt.

Schritt 1:
Person A schließt die Augen. B und C streichen mit einem Finger über den Unterarm von A und sagen dabei ihre Namen. A konzentriert sich auf die Unterschiede beider Berührungen.

Schritt 2:
Wenn A sich sicher kalibriert hat, berühren B und C in unregelmäßiger Reihenfolge und ohne ihren Namen zu nennen Person A. A muß herausfinden, wann B und wann C über den Arm streicht.

12. Das Geheimnis von Vertrauen und Rapport

Rapport ist der Hauptbestandteil jeder effektiven Kommunikation! Rapport öffnet Türen. Was ist Rapport? Rapport zwischen zwei Personen, zum Beispiel Arzt und Patient, ist eine freundliche Beziehung, die durch gegenseitige Achtung und Vertrauen gekennzeichnet ist. Rapport stellen wir her, indem wir Gemeinsamkeiten schaffen oder zu erkennen geben, daß wir und der andere die gleichen Gefühle erleben oder der gleichen Meinung sind.

Abraham Lincoln sagte einmal: „Wenn Ihnen ein anderer Mensch vertrauen soll, dann müssen Sie ihn zuerst davon überzeugen, daß Sie sein aufrichtiger Freund sind.“

Rapport kann man bewußt und gezielt aufbauen. Auf der einen Seite löst man bei seinem Gesprächspartner dadurch Vertrauen aus, so daß er sich öffnet, auf der anderen Seite findet man auch selbst Zugang zum Erleben des anderen, indem man versucht, in dessen Welt einzusteigen und ihm zu folgen.

Wie bereits erwähnt, bezeugen grundlegende Ergebnisse der Erforschung der menschlichen Kommunikation, daß Kommunikation lediglich zu 7% aus Worten und deren Inhalten besteht und zu 93% aus nonverbalen Komponenten wie Körperhaltung, Stimmlage, Tonfall, Sprechtempo, Atmung, Ausdrucksbewegung, Gestik, Mimik usw. Falls Sie sich darauf beschränken, lediglich über den Inhalt der Kommunikation zu Ihrem Gesprächspartner Rapport herzustellen, geht Ihnen die Mehrzahl der nonverbal kommunizierten Hinweise verloren. Während Sie mit Worten und deren Inhalten Ihren Gesprächspartner auf der bewußten Ebene ansprechen, beziehen sich Physiologie und Körpersprache auf die unbewußte Ebene. Menschen hören oft nicht zu, sondern reden aneinander vorbei. Dazu möchte ich eine Anekdote über Mark Twain als Beispiel anführen.

Mark Twain erschien auf einer Party, die ihm zu Ehren gegeben wurde, zu spät und berichtete der Gastgeberin, die eine Entschuldigung von ihm erwartete: „Gnädige Frau, es tut mir außerordentlich leid, daß ich so spät komme, aber ich mußte meiner alten Tante noch den Hals umdrehen, und das dauerte leider etwas länger, als ich angenommen hatte." Darauf erwiderte die Gastgeberin: „Wie reizend, daß Sie dennoch gekommen sind." Ihr war es eigentlich völlig egal, warum er zu spät kam. Was sie erwartete, war lediglich ein entschuldigender Tonfall, und den bekam sie auch. Der Inhalt seiner Worte war ihr völlig unwichtig. Das Gespräch lebte ausschließlich von der Körpersprache, also von Tonfall, Gestik und Mimik.

Machen Sie sich daher immer wieder klar, daß der Inhalt der Worte nur 7% einer Unterhaltung ausmacht!

Nun ist das „Aneinander-Vorbeireden" manchmal auch positiv, wenn beide Gesprächspartner gar kein echtes Gespräch führen wollen, wie beim Small Talk auf einer Party oder mit dem Sitznachbarn im Flugzeug.

Wenn Sie sich demnach als Arzt bemühen, Ihrem Patienten Ihre Therapievorschläge nur durch Worte zu erklären, kann es passieren, daß dieser sich abwendet oder erklärt, daß er sich von Ihnen „nicht verstanden fühlt". Es kann passieren, daß Sie mit viel Mühe und erheblichem zeitlichen Aufwand einem Patienten die Wirkung einer Behandlung erklären und er Ihnen erklärt, er habe nichts begriffen.

Das Wissen um diese unbewußten Bestandteile bei der Kommunikation können Sie als Arzt bewußt nutzen, um eine vertrauensvolle Beziehung aufzubauen bzw. deren Entstehung zu beschleunigen, besonders dann, wenn die Verständigung unterbrochen scheint oder nur mühsam herzustellen ist. Wichtig ist, daß Sie in die Welt oder in den Kreis des anderen einsteigen. Zu wem fühlen denn Sie sich am meisten hingezogen? Suchen Sie jemanden, der in nichts mit Ihnen übereinstimmt, der schlafen möchte, wenn Sie etwas unternehmen möchten, der Abenteuerurlaub machen möchte, während Sie faul am Strand liegen wollen? Natürlich nicht! Sie möchten mit Leuten zusammen sein, die Ihnen ähnlich sind. Sie suchen Menschen, die Überschneidungen mit Ihrer Welt oder Ihrem Kreis haben.

Das ist zum Beispiel das Wesen der Vereine. Hier finden Sie Leute, mit denen Sie leichter in Rapport kommen können, weil es Überschneidungen Ihrer Welten und weil es Übereinstimmungen gibt, wie zum Beispiel ähnliche Meinungen, Interessen, Ziele, Sprache usw. Gemeinsamkeiten zu haben bedeutet, leichter in Rapport mit jemanden zu kommen. Je größer die Übereinstimmung ist, desto leichter fällt es einem, Rapport aufzubauen, und desto leichter „verstehen" wir uns, ohne daß wir uns besondere Mühe geben müssen. Ist jedoch wenig oder keine Überschneidung vorhanden, beginnt die eigentliche Kunst des Rapportaufbaus, mit dem Ziel besserer gegenseitiger Verständigung.

Es gibt zwar das Sprichwort „Gegensätze ziehen sich an", jedoch funktioniert dieser Spruch erst auf einer Ebene des Rapports, des Erkennens von Gemeinsamkeiten. Das bedeutet, daß zuerst Rapport bestehen muß, bevor man dazu übergeht, eine gegensätzliche Eigenschaft beim anderen als etwas Bereicherndes zu akzeptieren. Denn in der Regel öffnen wir uns beim erstmaligen Kennenlernen oder Kommunizieren einem Gesprächspartner nicht, wenn er uns sehr unähnlich ist. Wir werden diesen Menschen meiden oder aus unserer Kommunikation ausschließen. Sie müssen nämlich tatsächlich einiges mehr an Energie aufbringen, wenn Sie sich durch Überlegungen und Argumente dazu bringen, einem anderen, Ihnen unähnlichen Menschen gegenüber Vertrauen zu entwickeln. Sie müssen sich dabei bewußt anstrengen.

Das kann passieren bei einem Gespräch, bei dem Sie einen Patienten zum ersten Mal in Ihrer Praxis sehen. Wenn er Ihnen nicht auf den ersten Blick sympathisch ist, möchten Sie ihn möglicherweise doch aus ökonomischen Gründen erst einmal als Patienten behalten.

Sicher hatten Sie schon einmal das Erlebnis, auf eine Party zu kommen, wo Sie niemanden vorher kannten, und dort jemanden auf Anhieb sympathisch zu finden. Es war sozusagen „Liebe auf den ersten Blick“. Oder es ist Ihnen schon einmal vorgekommen, daß Sie jemanden gerade erst kennengelernt haben und Sie das Gefühl hatten, diese Person schon ganz lange zu kennen? Auch umgekehrt haben Sie dieses Gefühl in Ihrer Praxis bestimmt schon bewirkt: Ein neuer Patient betritt Ihre Praxis und fühlt sich bei Ihnen sofort gut aufgehoben und angenommen. Er hat, ohne daß Sie jemals vorher mit ihm gesprochen haben, Vertrauen zu Ihnen. Wie können Sie nun diese vertrauensvolle Verbindung nach Belieben bei allen Ihren Patienten herstellen, auch gerade bei den sogenannten „schwierigen“ Patienten? Können Sie sich vorstellen, wieviel erfolgreicher und zufriedener Sie sein können, und vor allem, wieviel mehr Geld Sie verdienen würden?

Techniken, wie man Rapport herstellen kann

verbal	**nonverbal**
Small talk	
Repräsentationssysteme	Pacen = Spiegeln
Prädikate	Überkreuz-Spiegeln (s. S. 61f.)
hauptsächlich benutzte Wörter	
Interessen	
Meinungen	
Glauben	
Werte	

13. Mit dem Patienten tanzen – Pacing und Leading

Eine wirkungsvolle Methode, Rapport herzustellen, ist, indem Sie sich der Physiologie oder dem Verhalten einer anderen Person anpassen. Das nennt man auch Pacen oder auf deutsch „Spiegeln". Wenn Sie jemanden sehr gut spiegeln, vermitteln Sie ihm das Gefühl, einen Seelenverwandten gefunden zu haben. Sie zeigen Verständnis für ihn. Sie sagen damit: „Ich bin wie du. Du kannst mir vertrauen." Während Worte auf das Bewußtsein eines Menschen einwirken, wirkt die Physiologie auf sein Unbewußtes ein! Das Gehirn registriert nur: „Dieser Mensch ist ja wie ich!"

Spiegeln setzt eigentlich nur zwei Fähigkeiten voraus, erstens genaue Beobachtung und zweitens persönliche Flexibilität. Spiegeln ist daher ein natürlicher Prozeß beim Herstellen von Rapport. Eine Frage, die öfter in meinen Seminaren gestellt wird, ist, ob das Spiegeln nicht manipulativ sei. Dazu ist zu sagen, daß Sie, während Sie einen Patienten spiegeln, erfahren, was er wirklich fühlt. Selbst wenn es Ihre Absicht wäre, jemanden zu manipulieren, würden Sie von dem Augenblick an, wo Sie ihn spiegeln, selber auch anfangen, sich ähnlich zu fühlen wie er. Die Frage ist demnach, ob Sie bereit sind, sich selbst zu manipulieren. Das Spiegeln schafft lediglich eine stärkere physiologische Übereinstimmung und verstärkt so die mit dem anderen erlebten Gemeinsamkeiten.

Angleichen und Spiegeln darf nie auf ein Nachahmen reduziert werden. Imitieren würde dem anderen anzeigen, daß Sie das Interesse an ihm nur spielen, was zu einem sofortigen Rapportabbruch führen würde. Stellen Sie sich einen Patienten mit einem Gesichtstic vor. Er würde es als Beleidigung betrachten, wenn Sie seinen Tic nachahmen würden, wenn er weiß, daß Sie gar keinen Tic haben.

Einfacher und unproblematischer als das Spiegeln ist daher die Methode des „Überkreuz-Spiegelns". Das Überkreuz-Spiegeln besagt, daß Sie Ihre Verhaltensweisen indirekt den verbalen und nonverbalen Verhaltensmustern des Gesprächspartners angleichen. Das tun Sie, indem Sie zum Beispiel seine Atemfrequenz mit einer Handbewegung begleiten oder Ihr Sprechtempo der Atemfrequenz Ihres Gesprächspartners angleichen. In manchen Situationen ist das Überkreuz-Spiegeln sogar auch ungefährlicher als das einfache Spiegeln. Nehmen Sie einmal die Situation in Ihrer Praxis, daß ein Patient mit einem akuten Asthmaanfall vor Ihnen sitzt. Es wäre sicher etwas anstrengend für Sie, seine Atmung zu spiegeln.

Verbales Spiegeln/Pacen

- Small talk
- Prädikate
- hauptsächlich benutzte Wörter
- Repräsentationssysteme
- Glauben
- Werte

Nonverbales Spiegeln

- Körperhaltung
- Atmungsfrequenz oder Atmungstiefe
- Tonfall der Stimme
- Tempo der Sprechgeschwindigkeit
- Gesichtsausdruck
- Lidschlag
- Position bestimmter Körperteile
- Anspannung der Muskeln
- Gewichtsverlagerung
- Kopfstellung
- Handbewegungen
- Gesten

Übungsbeispiele

Pacen von Körperhaltung, Körperbewegungen

Überprüfen Sie Ihre eigene Körperhaltung. Setzen Sie sich bequem hin. Schauen Sie, wie Sie dasitzen. Was ließe sich von Kopf bis Fuß an Ihrer Körperhaltung pacen? Wenn Sie anfangen, die Körperbewegungen anderer zu pacen, denken Sie immer daran, daß das Pacen außerhalb der bewußten Aufmerksamkeit des anderen liegt und damit einen unbewußten und damit sehr starken Reiz darstellt! Achten Sie dann darauf, wie sich Ihr Gegenüber zum Beispiel entspannter fühlt, wenn Sie auch entspannt dasitzen. Pacen setzt eine präzise Wahrnehmung für die verbalen und nonverbalen Aktivitäten sowie Sensibilität voraus. Achten Sie auf jeden Fall darauf, daß kein »Nachahmen« Ihres Gegenübers entsteht, was zu einem Rapportabbruch führen würde.

Pacen der Atmung

Das ist die wirksamste Art des Spiegelns, weil unsere Atmung untrennbar mit unserem emotionalen Zustand verbunden ist. Wie atmen Sie, wenn Sie aufgeregt sind? Wie atmen Sie, wenn Sie sich gut fühlen? Wie haben Sie geatmet, als Sie zum ersten Mal den Film »Der Weiße Hai« gesehen haben? Wenn Sie Ihre Atmung der einer anderen Person angleichen, entsteht oft wie von selbst das Gefühl, eine enge Gemeinsamkeit zu haben, was bereits ausreicht, tiefen Rapport herzustellen.

Pacen der Stimmlage, Sprache

Klangfarbe, Tempo, Lautstärke, Rhythmus können gespiegelt werden. Hören Sie genau zu und gleichen Sie dann Ihre Stimme an. Die Übereinstimmung muß nicht ganz exakt sein, meist ist nur eine leichte Veränderung erforderlich. Besonders wichtig ist das beim Herstellen von Rapport am Telefon. Wir alle haben bestimmte Sprechgewohnheiten, indem wir entweder laut sprechen oder langsam-einlullend oder abgehackt-schnell oder sanft. Oft ist uns die Wirkung unserer Sprache auf unsere Gesprächspartner nicht bewußt. Wenn wir jedoch auf Sprachmuster unseres Gesprächspartners achten, besonders auf das Tempo und den Rhythmus, können wir uns an seine Stimme angleichen. Ihr Patient wird sich in Ihrer Gegenwart wohl fühlen, denn Pacen der Stimmqualitäten leitet zugleich ein Angleichen an die Atemmuster ein. Versuchen Sie doch einmal umgekehrt, ein Angleichen anderer an Ihre Stimme herzustellen. Ich kam einmal sehr spät abends nach Hause, hatte viel gearbeitet, mich dann noch mit einer Freundin auf ein Glas Wein getroffen und war nun sehr entspannt. Währenddessen war in meiner Wohnung ein kurzer Stromausfall gewesen, und ich mußte meinen Anrufbeantworter neu besprechen. Ich besprach das Band an diesem Abend erneut: langsam, ruhig, leise und entspannt. Was meinen Sie, wie sich die Anrufe im Laufe des nächsten Tages anhörten: Alle sprachen langsam, ruhig, leise und entspannt.

Pacen des Gesichtsausdrucks

Ebenso kann der Gesichtsausdruck gespiegelt werden. Sie können sich vorstellen, daß es bei einem Patienten, der vielleicht gerade etwas sehr Trauriges erlebt hat, nicht sinnvoll ist, ihn mit Ihrem strahlendsten Lachen zu begrüßen.

Als Arzt haben Sie permanent die Gelegenheit, mit Patienten zu „üben“, denn allein die Übung schärft Ihre Wahrnehmung. Beobachten Sie, was passiert, wenn Sie Rapport haben, und was passiert, wenn Sie Rapport verloren haben (in der Regel ist dies gleichbedeutend mit „Patient verärgert“, „Patient hat Arzt gewechselt“ usw.), und wie Sie das jeweils erreicht haben.

Wenn Sie merken, daß Sie sich den verbalen und nonverbalen Verhaltensweisen Ihres Gesprächspartners angeglichen haben, können Sie diese verstärken oder ihn behutsam auf sein gewünschtes Ziel hin- oder in einen anderen Zustand führen. Das nennt man **Leading** oder **Führen**. Das setzt voraus, daß Sie wissen, wohin Sie Ihren Gesprächspartner im Kommunikationsprozeß bringen möchten. Sie müssen seine Ziele und Ergebnisse kennen. Führen bedeutet, daß Sie bei dem anderen ein Verhalten erzeugen, indem Sie ihm ein eigenes Verhalten zum Angleichen anbieten. Leading kann nonverbal durch Veränderung der obengenannten Möglichkeiten herbeigeführt werden.

Wenn ein Patient traurig ist, können Sie zum Beispiel, wenn Rapport besteht, zum Führen übergehen, indem Sie Ihren Körper sichtbar aufrichten, zu einer veränderten Atmung übergehen, Ihre Stimme fröhlicher werden lassen, Ihre Mimik verändern. Der Patient wird Ihnen, wenn Rapport besteht, folgen. Auch das Führen von Augenbewegungsmustern ist mit Hilfe der Verwendung von Handbewegungen, Bewegungen wie Aufstehen oder visuellem Material möglich, womit die Augenbewegungen des Patienten in die Richtung gelenkt werden können, die jeweils den Zugang zu seinen Ressourcen oder zu Wahrnehmungsveränderungen ermöglicht. Ein Beispiel dafür ist der Pastor, der den Satz „... und so kommt Gott vom Himmel und spricht zu euch“ mit einer Handbewegung von oberhalb seines Kopfes kommend, zum Herzen zeigend und danach auf die Zuhörer zeigend unterstützt.

Führen geschieht auch, wenn Sie die Formulierungen Ihres Patienten in andere Prädikate und Repräsentationssysteme übertragen, zum Beispiel ein Gespräch in anderen Worten zusammenfassen, und damit dem Patienten helfen, neue Möglichkeiten wahrzunehmen und Wahlmöglichkeiten zu entwickeln. Auch das Ablenken der Aufmerksamkeit weg von Problemen der Gegenwart und Vergangenheit und Ausrichtung auf eine Vorstellung der Problemlösungen in der Zukunft ist hilfreich, wenn es darum geht, Ressourcen zu aktivieren und die gewünschten Veränderungen einzuleiten.

Übung

Schritt 1: Spiegeln

Unterhalten Sie sich mit einem Freund und versuchen Sie, bei ihm einen ressourcevollen Zustand herauszufinden. Wenn ein solcher Zustand gefunden ist, beginnen Sie die Physiologie des Freundes (Körperhaltung, Atmung, Gesichtsausdruck, Sprechtempo, Tonlage usw.) zu spiegeln. Dabei merken Sie sich die Elemente in seiner Physiologie, die den ressourcevollen Zustand bei Ihrem Freund ausmachen.

Schritt 2: Separator

Unterbrechen Sie das Gespräch und unterhalten Sie sich über etwas ganz anderes.

Schritt 3: Führen

Versuchen Sie nun, das Gespräch auf eine für Ihren Freund unangenehme Erinnerung zu lenken. Dabei spiegeln Sie die unangenehme Erinnerung, um dann aber in die Physiologie des ressourcevollen Zustands überzugehen. Dabei ziehen Sie sozusagen Ihren Freund von dem unangenehmen Zustand in den ressourcevollen. Wenn Sie präzise beim Wahrnehmen der ressourcevollen Physiologie gewesen sind, wird Ihnen Ihr Freund in die ressourcevolle Physiologie folgen.

14. Wie Einwände gemeistert werden können

Als Abrundung zum Thema Rapport möchte ich Ihnen einige Möglichkeiten aufzeigen, wie Sie auf der Grundlage eines guten Rapports geschickt Einwände Ihrer Patienten meistern können. Natürlich können Sie diese Erfahrungen auf Ihre Mitmenschen ebenso anwenden. Ich möchte hier auf das Wort „Einwand" nicht näher eingehen, welches natürlich auch positiv ausgedrückt werden kann als „Frage". Überzeugen hat mit Beeinflussen zu tun. Dieses Kapitel handelt allerdings nicht von Manipulation, sondern davon, wie Sie mit Einwänden von seiten Ihrer Patienten besser umgehen können. Man kann nur gemeinsam gewinnen, das heißt, beide Seiten müssen am Ende zufrieden sein. Daher ist das „Über-den-Tisch-Ziehen" nur ein kurzfristiges, in der Regel einmaliges und einseitiges Gewinnen. Nur wenn Sie eine Behandlung X überzeugend anbieten, wird Ihr Patient diese auch gern annehmen. In Zukunft, wenn die Krankenkassen ihren Versicherten nur noch das medizinisch absolut Notwendige bezahlen, wird das Wohlergehen Ihrer Praxis davon abhängen, wie überzeugend Sie als Arzt (sowie auch Ihre Mitarbeiter/innen) auftreten. Denn Sie wollen Ihren Patienten ja nicht nur das medizinisch absolut Notwendige, sondern natürlich das Bestmögliche anbieten. In der Regel ist dieses mit Geldausgaben verbunden, die der Patient mit Freude zu leisten bereit sein muß. Wohlgemerkt: Es geht hier nicht darum, wie man dem Patienten am besten das Geld aus der Tasche ziehen kann, obwohl man das mit einigen Methoden aus dem NLP gut bewerkstelligen könnte. **Es geht um das seriöse Überzeugen.** Denn manchmal brauchen Menschen sozusagen einen letzten Anstoß, um zu einer Entscheidung zu kommen. Und auch Ihre Zeit ist Geld: Sie können nicht stundenlang mit einer Person diskutieren, ob eine Therapie sinnvoll und preislich gerechtfertigt ist. Denn dann würde sich der Preis für die Therapie relativieren. Wichtig ist, daß Sie gezielt und in angemessener Zeit auf den Punkt kommen. Dieses Kapitel kann kein Seminar zu Überzeugungskommunikation ersetzen, jedoch einen kurzen Einblick geben, mit welchen Fragen man auch als

Anfänger schon kleine Erfolge erzielen kann. Das Kapitel behandelt einen Teilaspekt des Überzeugens, nämlich wie Sie Einwände anderer Personen meistern können. Einer der hervorragenden Lehrmeister auf dem Gebiet des kunstvollen Überzeugens ist Richard Bandler, einer der Väter des NLP (siehe Literatur im Anhang des Buches). In dem Kapitel über Rapport haben Sie bereits einen wesentlichen Aspekt gelernt, was am Anfang eines jeden Gesprächs stehen sollte: das Herstellen eines guten Rapports. Nur auf dieser Grundlage des gegenseitigen Vertrauens können Sie andere von Ihren Ideen überzeugen. Welches sind nun die wichtigsten Muster für das Überwinden von Einwänden?

Nehmen wir die Situation, daß Sie einem Patienten eine teure Therapie „verkaufen“ möchten, welche die Krankenkasse nicht zahlt. Er hat vorher schon viele Therapien ohne Erfolg angewendet, zum Teil bei anderen Ärzten, und kommt nun zu Ihnen. Nachdem Sie den Patienten gefragt haben, was er von Ihnen erwartet (s. Kapitel über Metaprogramme), erklären Sie ihm zuerst die Therapie (siehe: Metaprogramm: induktiv/deduktiv). Sie haben inzwischen bereits festgestellt, welches Repräsentationssystem er bevorzugt, und sprechen ihn auf dieser Ebene an. Er ist von der Therapie begeistert und möchte sie gern machen, jedoch stört ihn der hohe Preis.

Er sagt: „Das ist mir im Moment zu teuer. Daher kann ich mich noch nicht entscheiden.“

Wichtig ist, seinen Einwand erst einmal wahrzunehmen und zu würdigen.

Folgende Fragen oder Antworten sind möglich:

„Zu teuer im Vergleich wozu?“, „Was meinen Sie, welche Entscheidungshilfen Sie noch brauchen? Brauchen Sie noch mehr Informationen? Oder ist es nur der Preis? Sie werden verstehen, daß etwas besonders Gutes auch seinen Preis hat“, „Sie haben völlig recht, daß die Behandlung teuer ist. Auf dem Markt ist sie die derzeitig beste. Wenn Sie bedenken, daß alle anderen Behandlungen bisher nicht angeschlagen haben, sind Sie sicher froh, daß Sie eine so gute gefunden haben. Sie werden sich sicher schon vorstellen, wieviel besser es Ihnen nach der Behandlung gehen wird“, „Um wieviel zu teuer meinen Sie?“, „Was meinen Sie mit zu teuer?“

Einwände zu meistern bedeutet nicht nur, genau zu fragen. Immer sollte die folgende Reaktionskette dabei ablaufen:

- Nicht unterbrechen, sondern ausreden lassen.
- Interessiert, das heißt aktiv zuhören.
- Den Grund des Einwandes erfragen (NLP-Fragetechnik).
- Dem Einwand bedingt stattgeben.
- Mit ruhiger und sachlicher Stimme und Körpersprache argumentieren.

Richard Bandler und Paul Donner haben in ihrem ausgezeichneten Buch *Die Schatztruhe* das Thema Einwände sehr ausführlich abgehandelt. Wenn Ihr Gesprächspartner Einwände erhebt, verweigert er zunächst einmal sein Einverständnis in eine Sache XY. Das bedeutet, daß sein Problem noch nicht gelöst ist. Die Grundlage für eine Klärung ist demnach, daß sein Problem verstanden, anerkannt und ernst genommen wird. Um nun zu einer Lösung zu gelangen, ist es wichtig, daß der Gesprächspartner seine Einwände vorbringen kann, was bereits eine Erleichterung für ihn sein kann. Und auf dieser Basis können Sie dann zu einer gemeinsamen Lösung kommen, die manchmal auch ein Kompromiß sein kann.

15. Kommunikationsebenen

Paul Watzlawick hat einmal den Satz geprägt:

Wir können nicht nicht kommunizieren.

Das heißt, es gibt immer in irgendeiner Art und Weise ein Feedback auf unsere Botschaften oder Nachrichten. Kommunikation ist ein Austausch von Nachrichten. Um Mißverständnisse zu vermeiden, müssen Sie für Klarheit Ihrer Nachricht sorgen, damit Sie miteinander reden und nicht aneinander vorbeireden. Dabei kommunizieren wir auf zwei Ebenen miteinander. Zum einen auf der Inhaltsebene, zum anderen auf der Beziehungsebene. Lassen Sie mich dieses an einer einfachen Frage, Nachricht deutlichmachen. Ein Patientenehepaar sitzt in Ihrem Sprechzimmer. Sie haben eine Bronchitis bei dem Ehemann festgestellt. Die Ehefrau sagt:

HAT ER EINE ANSTECKENDE BRONCHITIS?

Dieser Satz ist ohne Fragezeichen, Punkt und Komma geschrieben. Das heißt, zum Verständnis dieser Nachricht fehlen wesentliche Zusatzinformationen:

Hat ***er*** eine ansteckende Bronchitis?
Hat er eine ***ansteckende*** Bronchitis?
Hat er eine ansteckende ***Bronchitis***?
Hat er eine ansteckende Bronchitis!

Sie merken an der Betonung, an den Fragezeichen, am Ausrufungszeichen, wie die Nachricht gemeint ist. Diese Hinweise geben uns wichtige Zusatzinformationen, wie eine Aussage oder Frage gemeint ist. Wenn Watzlawick sagt, man könne nicht nicht kommunizieren, wird damit übrigens auch das „Schweigen" zu einer Nachricht. Was kann also diese Nachricht alles meinen? Auf der Inhaltsebene werden unsere Nachrichten gesendet und empfangen. Das ist sozusagen die Kopfebene oder Informationsebene. Gleichzeitig drücken wir aber auch unsere Gefühle aus. Wir können die obengenannte Aussage besorgt, aufgeregt, ängstlich, erleichtert (daß es nichts Schlimmeres ist) sagen bzw. fragen oder auch verärgert (daß er schon wieder eine Bronchitis hat). Es gibt viele Möglichkeiten. In der Weise, wie wir fragen, bestimmen wir die Beziehung zum anderen. Das ist die Beziehungsebene, die fast immer mit Emotionen verbunden ist. Entweder drücken die Nachrichten direkt ein Gefühl aus oder sie wirken auf die Gefühle des Empfängers. Ist der Gesprächspartner z.B. aufgeregt oder verärgert (= Beziehung gestört), wird die Beziehungsebene wichtiger als der Inhalt, d.h. die Nachrichten können nicht mehr ungehindert zum anderen durchdringen. Ein Teil der Nachricht wird vom Empfänger nicht verstanden. Der Inhalt kann verlorengehen. Daher ist es bei gestörter Beziehungsebene wichtig, ebenfalls die nonverbale Sprache einzusetzen. Im Fall der Ehefrau kann bei positiver Beziehungsebene die Antwort des Arztes lauten: „Er hat eine Bronchitis“ (= sachlich). Und die Frau wird die Nachricht verstehen. Bei gestörter Beziehungsebene wird der Arzt die Ehefrau erst einmal über diese Ebene z.B. beruhigen oder trösten: „Ich habe den Eindruck, die Krankheit Ihres Mannes beunruhigt (verwundert, ärgert usw.) Sie sehr. Das tut mir leid.“ Erst wenn die Beziehungsebene positiv ist, können Sie auf der Inhaltsebene weiterreden. Die Inhaltsebene liefert eindeutige Information. Die Beziehungsebene liefert die Information über die Information.

16. Hören ist nicht Verstehen

Da wir unbewußt sehr viel von dem verschweigen, was wir eigentlich sagen wollen, sind Mißverständnisse in der Kommunikation mit anderen vorprogrammiert. Wenn wir meinen, wir hätten alles in einem Satz gesagt, ist dies natürlich nicht möglich. Der Satz: „Meine neue Privatpraxis befindet sich in einer alten Hacienda und hat einen Computerarbeitsplatz“ setzt zum Beispiel voraus, daß der Gesprächspartner weiß, daß ich Ärztin bin (und daher das Betreiben einer Privatpraxis vorstellbar ist), daß er weiß, was eine Hacienda ist, und daß er weiß, was ein Computer ist. Oder der wortkarge, etwas brummelige Patient, den ich fragte, ob er Kinder hätte, und der mir antwortete: „Junge Mädchen.“ Ein Komma kann man bei der gesprochenen Sprache ja nicht sehen. „Junge, Mädchen“: Das wäre schon klar gewesen, nämlich er habe einen Jungen und ein Mädchen. Ich fragte jedoch weiter: „Nun, wie viele junge Mädchen haben Sie denn?“ Und als er mich erstaunt anschaute, wiederholte er: „Ich sagte doch, einen Jungen und ein Mädchen.“ Bei Begriffen, die eine Wertvorstellung enthalten, besteht darüber hinaus die große Gefahr, daß Begriffe wie Tugend, Vaterlandsliebe, Ordnung, Gerechtigkeit usw. eine bestimmte Vorstellung beim Gesprächspartner auslösen. Wir lassen während eines Gesprächs ständig unbewußt Worte weg und fügen sie in unserer inneren Vorstellung unbewußt als Information hinzu. Wie wir gesehen haben, machen Worte den Inhalt des Denkens aus. Worte sind primär Symbole für Begriffe. Genau wie die Landkarte nicht das Gebiet ist, das sie darstellt, ist das Wort nicht der bezeichnete Gegenstand. Ein Wort ist eher ein allgemein anerkanntes Symbol oder Lautzeichen für eine Sache oder Idee, die damit bezeichnet wird. Worte werden zu Sprache zusammengesetzt. Und damit werden sie zu Botschaften, die Menschen benutzen, um ihre Gedanken auszudrücken.

Nehmen wir einmal an, Sie sitzen in einer Bar und warten auf Ihre Getränke. Der Ober kommt. „Bloody Mary?“ Sie sagen: „Das bin ich.“ Dann sagt der Ober: „Margerita?“ Und Ihr Gesprächspartner sagt: „Die hatte ich.“ Nun müssen Sie zugeben, daß weder Sie eine Bloody Mary **sind**, noch Ihr Partner eine Margerita bereits **hatte**. Diese verkürzten Antworten setzen voraus, daß Sie und Ihr Gesprächspartner miteinander vertraut sind. Ein Außenstehender, der mit Ihnen und Ihrer Unterhaltung nicht weiter vertraut ist, wird möglicherweise Verständigungsschwierigkeiten haben. Das passiert häufig auch in großen Firmen, in denen firmeninterne Abkürzungen oder Begriffe benutzt werden, die der neue Kunde, der sich mit einem Firmenmitarbeiter unterhält, nicht versteht. Auch im Praxisalltag passiert dieses häufig, wenn Sie einem Patienten seine Befunde erklären und nur medizinische Fachausdrücke verwenden, wenn Sie ihm z.B. erklären, der Befund sei negativ (dabei meinen Sie aus der Sicht des Patienten: alles sei positiv). Er wird mit Sicherheit Schwierigkeiten haben, Sie zu verstehen.

17. Die Kunst des Fragens – NLP-Fragetechniken

Wir teilen unbewußt große Teile dessen, was wir mit einem Satz oder in einem Gespräch sagen wollen, überhaupt nicht mit, weil wir durch unsere Sprache lediglich innere Vorstellungen, Werte und eigene Erfahrungen zum Ausdruck bringen. Beim Gesprächspartner kommen lediglich etwa 15% der Botschaft an, die wir senden wollen. Das gilt für komplizierte Botschaften wie auch für einen ganz einfachen Drei-Worte-Satz. Wenn Sie zu einer Gruppe von Menschen sprechen, können Sie gut sehen, wie unterschiedlich diese auf Ihre Worte reagieren. Für die einen ist das Glas eben halbleer, für die anderen ist das Glas halbvoll. Grundlage für die Anwendung der Fragetechniken ist, daß unsere Sprache nicht Erfahrung selbst ist, sondern Repräsentation der Erfahrung. Mit den NLP-Fragetechniken können Sie eine Verbindung zwischen Sprache und Erleben schaffen, indem Sie das Modell der Welt des Gesprächspartners hinterfragen.

Weil jeder Gedanke, jede Idee von einer Person aus ihrer speziellen Perspektive verstanden oder wahrgenommen wird, ist es notwendig, herauszufinden, was ein anderer Mensch mit seiner Aussage meint. Dabei gibt es verschiedene Gestaltungsprozesse wie: **Generalisierung, Tilgung, Verzerrung.**

Als Arzt sind Ihre Filter zum Beispiel auf „Abweichen vom Gesunden“ eingestellt. Sie untersuchen einen Patienten, der mit Herzbeschwerden kommt, und schreiben zum Beispiel nachher in Ihre Karteikarte: Herz: o.B. Das ist jedoch nicht das, was Sie noch alles wahrgenommen haben. Sie haben doch den Patienten ganzkörperlich untersucht, haben seine Haut angesehen, die Lunge abgehört, das Abdomen untersucht, die Wirbelsäule abgetastet und schließlich alles zu einem „Cor“ generalisiert und zu einem „o.B.“ verzerrt. Sie haben einen großen Teil Ihrer Wahrnehmung getilgt. Die Gestaltungsprozesse der Generalisierung, Tilgung und Verzerrung schränken unser Modell der Welt einerseits ein, erlauben uns andererseits zu überleben, zu verstehen, zu wachsen und zu lernen. Sie helfen uns, unsere Erfahrungen zu organisieren, können uns aber immer dann behindern, wenn wir annehmen, daß das subjektive Erleben der Wirklichkeit mit der Wirklichkeit identisch ist. Die NLP-Fragetechniken sind dafür entwickelt worden, dem Hörer eine Reaktionsmöglichkeit zu geben, aus jeder Mitteilung die größtmögliche Information zu gewinnen. Es bietet mit seinen Fragetechniken die Möglichkeit, Generalisierungen, Tilgungen und Verzerrungen zu hinterfragen und damit mehr Informationen zu erhalten, das heißt qualitativ niedrige Informationen in qualitativ höhere zu verändern. Die Sprachwissenschaftler haben herausgefunden, daß es bei der Sprache eine Tiefenstruktur gibt, die den tatsächlich gemachten subjektiven Erfahrungen entspricht, und eine Oberflächenstruktur, die in Form von Sätzen und Gedanken zum Ausdruck gelangt. Wenn Ihnen Ihr Patient sein Problem schildert, müssen Sie davon ausgehen, daß dieser sein Problem in der Oberflächenstruktur darstellt, und daß seine Sätze Generalisierungen, Tilgungen und Verzerrungen enthalten. Oft sind es gerade diese Prozesse der Generalisierung, Tilgung und Verzerrung, die das eigentliche Problem oder seine Ursache darstellen. Daher kann bereits die Zurückführung der Oberflächenstruktur des Problems zu seiner Tiefenstruktur eine Veränderung bewirken. Richard Bandler und John Grinder haben ein Modell zur genauen Bestimmung und zum genauen Hinterfragen einer Aussage entwickelt, das Meta-Modell der Sprache. Das Meta-Modell wird für das Erreichen des Prozesses vom gegenwärtigen (Problem-)Zustand zum erwünschten Zustand eingesetzt. Es gilt herauszufinden,

- ➤ was der gegenwärtige Zustand oder das Problem des Gesprächspartners ist,
- ➤ was passieren würde, wenn das Problem nicht vorhanden wäre (Frage nach dem erwünschten oder Ziel-Zustand),
- ➤ was benötigt wird, um vom gegenwärtigen (Problem-)Zustand zum Ziel-Zustand zu gelangen,
- ➤ woran man feststellen kann, daß der gewünschte Zustand erreicht ist.

Man unterscheidet beim Meta-Modell drei Gruppierungen:

1. Fragen zur Gewinnung von Informationen bei: Tilgungen, unvollständig spezifizierten Verben und Nominalisierungen;
2. Fragen bei Einschränkungen im Modell des Gesprächspartners: Generalisierungen, Modaloperatoren;
3. Fragen bei Verzerrungen: Gedankenlesen, Vorannahmen und Verlorenes Performativ.

Vereinfacht läßt sich das Meta-Modell der Sprache nach Bandler und Grinder auf fünf Fragen reduzieren.

1. **Wer oder was genau?**
2. **Was würde geschehen, wenn ...? Was hindert Sie daran, daß ...?**
3. **Verglichen womit?**
4. **Immer? Niemals? Alle? Keiner?**
5. **Wie genau?**

Diese fünf Fragen werden als die „Fünf Zeiger“ bezeichnet und bringen den Fragenden zu spezifischer, konkreter und sinnesbezogener Information. Zum schnellen Lernen und zur praktischen Anwendung sind die Fünf Zeiger der rechten Hand zugeordnet. Die Finger der linken Hand stehen für die Fragen, die die Zeiger klären sollen. Dabei ist es wichtig, beim Hinterfragen vorher das Ziel zu kennen, was man im Zusammenhang mit den Mitteilungen des Gesprächspartners überhaupt wissen möchte. Die Oberflächenstruktur, also Verbalisierung einer Erfahrung, und die Tiefenstruktur einer Erfahrung drücken sich sowohl in Form der Generalisierung, Tilgung und Verzerrung aus, als auch durch Nominalisierung, unvollständig spezifizierte Verben, Voranahmen, Verlorenes Performativ und Gedankenlesen.

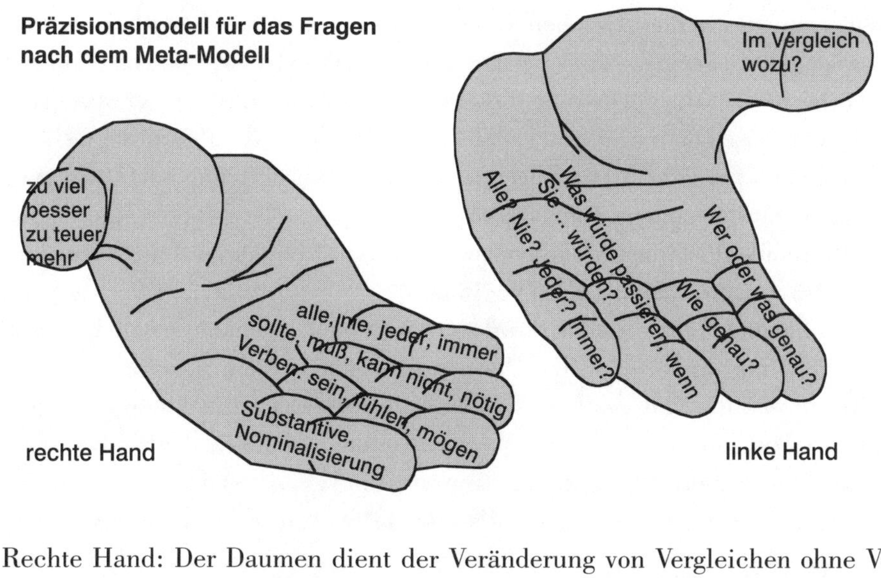

Rechte Hand: Der Daumen dient der Veränderung von Vergleichen ohne Vergleichsbasis, wie zum Beispiel: besser, zuviel, zu viele, zu teuer. Dem Zeigefinger sind die unspezifischen Substantive zugeordnet. Zum Mittelfinger gehören die unspezifischen Verben. Dem Ringfinger sind die Modalwörter zugeordnet wie zum Beispiel: sollte, sollte nicht, muß, kann nicht. Der kleine Finger steht für Verallgemeinerungen wie zum Beispiel: alle, jeder, niemals, nirgends.

Die linke Hand enthält die entsprechenden Fragen. Zum Daumen gehört die Frage: *Im Vergleich wozu?* Der Zeigefinger enthält die Frage: *Wer oder was genau?* Beim Mittelfinger wird die Frage gestellt: *Wie genau?* Die Frage des Ringfingers ist entsprechend den Regeln: *Was würde passieren, wenn ...?* oder: *Was hindert Sie daran, daß ...?* Der kleine Finger fragt: *Alle? Jeder? Niemals? Nirgends?*

Generalisierung

... ist der Prozeß, „durch den Elemente oder Teile eines persönlichen Modells von der ursprünglichen Erfahrung losgelöst werden, um dann die gesamte Kategorie, von der diese Erfahrung ein Beispiel darstellt, zu verkörpern" (Bandler, Grinder: *Struktur der Magie I*). Wenn Menschen in bestimmten Situationen immer wieder die gleichen Erfahrungen machen, verallgemeinern sie irgendwann diese Erfahrungen. Viele alltägliche Handlungen beruhen auf Generalisierungen. Das macht das Leben einfacher für uns, weil wir nicht jedesmal wieder von neuem überlegen müssen, wie wir ein Ziel erreichen. Generalisierungen ordnen unser Leben. Nehmen wir das Öffnen einer Tür. Wir haben als Kinder gelernt, wie man eine Tür öffnet. Durch die Verallgemeinerung dieser Erfahrung können wir später alle Türen öffnen. Wir wissen im voraus, wie es geht. Allerdings kann der Prozeß der Generalisierung auch problematische Folgen haben, wenn wir aufgrund einer negativen Erfahrung verallgemeinernd auf eine besondere Situation ängstlich reagieren und daraufhin ein Vermeidungsverhalten entwickeln. Die Phobien sind ein Beispiel für Generalisierungen. Oder ein Kind hat während der Scheidung der Eltern gelernt, daß es schlechte Männer gibt. Es wird sich im Erwachsenenalter möglicherweise schwertun, eine partnerschaftliche Beziehung zu einem Mann zu entwickeln und möglicherweise die Ehe oder feste Beziehungen als etwas Schreckliches ansehen. Generalisierungen drücken sich z.B. in bestimmten Wörtern und im Festlegen einer Begrenzung aus. In diesen Aussagen wird ein Verhalten oder eine Beziehung in der Weise verallgemeinert, generalisiert, daß es als Charakterisierung für alle derartigen Fälle angenommen wird. Indem man in einem Gespräch auf die Generalisierung hinweist, wird der Gesprächspartner auf Erfahrungen verwiesen, die der Verallgemeinerung widersprechen.

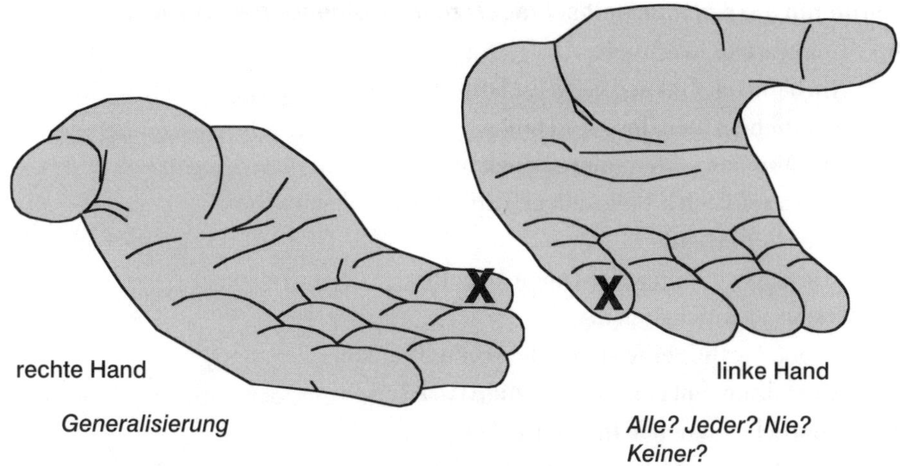

Beispiele für das Erkennen und Hinterfragen von Generalisierungen:

1. Wörter, die eine Generalisierung ausdrücken, sind **Umfassungswörter, Universalquantoren**, wie:

- nie
- niemals
- alle
- jeder
- keiner
- immer
- nirgends
- nichts
- sämtliche

Beispiele

„Niemals mache ich etwas richtig."
Frage: „Niemals?"
Antwort: „Na ja, nicht ganz."
Weitere Fragemöglichkeiten: „Was genau machen Sie nicht richtig?", „ Haben Sie jemals etwas richtig gemacht?"

„Alle lachen mich immer aus."
Frage: „Sie lachen dich immer aus?"
Antwort: „Na, nicht immer."
Frage: „Wirklich alle lachen dich aus?"
Antwort: „Nein, nicht alle."

Überlegen Sie sich nun selbst Fragen zu den folgenden Aussagen:

- Kein Patient mag mich.
- Nie habe ich Zeit und Geld für Fortbildungen.
- Sämtliche Arbeitslose sind faul.
- Alle Mexikaner dominieren die Frauen.
- Immer muß ich arbeitsscheue Patienten krankschreiben.
- Alle Hunde beißen.
- Alle Angestellten wollen mehr Urlaub.
- Nichts ist unmöglich ...
- Nirgends gibt's eine sinnvolle Arbeit für mich.
- Niemals kommt er pünktlich zur Arbeit.
- Sämtliche Mädchen tragen Röcke.
- Irgendeiner muß ständig dazwischenreden.

2. **Modaloperatoren sind Aussagen, in denen durch Festlegen einer Begrenzung behauptet wird, was möglich oder notwendig ist** (Modaloperatoren der Notwendigkeit oder der Möglichkeit).

Wörter für **Modaloperatoren der Notwendigkeit** sind:

- müssen
- sollen
- sollte
- notwendig

Beispiel

„Man soll seinem Chef nicht widersprechen."

Frage: „Was würde geschehen, wenn Sie das täten?"

Beispiel

„Ich muß aufhören zu rauchen."

Fragen: „Was würde passieren, wenn du das nicht tätest?"

„Was hindert dich daran, aufzuhören?"

„Was würdest du brauchen, um mit dem Rauchen aufzuhören?"

Überlegen Sie sich nun selbst Fragen zu den folgenden Aussagen:

- Ich muß mich mehr um meine Patienten kümmern.
- Ich sollte mehr Seminare zu Kommunikation besuchen.
- Man muß sein Bestes geben.

- Menschen sollten Konflikte vermeiden.
- Man sollte in der Dunkelheit nicht mehr auf die Straße gehen.
- Wir müssen noch viel dazulernen.
- Wir sollten als Team arbeiten.
- Er sollte seinen Chef respektieren.
- Er sollte seine Angestellten nicht immer so anschreien.
- Man muß immer höflich sein.
- Man sollte seine Steuern zahlen.
- Es ist notwendig, die Wahrheit zu sagen.
- Ich muß mit Fieber zur Arbeit gehen.
- Man soll viel Sport treiben.
- Er sollte die Präsentation vorbereiten.

Wörter für **Modaloperatoren der Möglichkeit** sind:

- man kann nicht
- man darf
- es ist unmöglich
- niemand vermag
- es ist nicht möglich

Beispiel

„Ich kann diesen Patienten nicht verstehen."

Fragen: „Was hindert Sie daran, ihn zu verstehen?"

„Was würde passieren, wenn Sie ihn nicht verstehen würden?"

Überlegen Sie sich nun selbst Fragen zu den folgenden Aussagen:

- Es ist nicht möglich, daß ich meinen Arbeitsstil ändere.
- Ich kann das nicht schaffen.
- Man darf nicht blau machen.
- Er kann ihm nicht die Wahrheit erzählen.
- Man darf sich im Büro nicht entspannen.
- Niemand vermag die Ärztekammer zu ändern.
- Es ist nicht möglich, den Mitarbeitern Verantwortung zu übertragen.

Tilgung

... ist der Prozeß, „durch den wir unsere Aufmerksamkeit bestimmten Dimensionen unserer Erfahrung zuwenden und andere ausschließen" (Bandler, Grinder: *Struktur der Magie I*).

Tilgung verhilft uns dazu, daß wir uns konzentriert einer Sache zuwenden können, ohne durch andere Abläufe gestört zu werden. Denn wenn Sie zum Beispiel dieses Buch gerade lesen, sind Sie sich der Wörter bewußt, die Sie lesen. Sie konzentrieren sich auf den Inhalt der Wörter. Gleichzeitig fühlen Sie, wie Sie auf einem Sessel sitzen oder auf dem Bett liegen, nehmen das Licht, die Geräusche und die Temperatur im Raum wahr. Sie können aber auch Ihren Herzschlag hören, die Kleidung auf Ihrem Körper fühlen, die Geräusche aus dem Garten oder von der Straße hören, spüren, wie Sie atmen, und vieles mehr. Jedoch in dem Moment des Lesens konzentrieren Sie sich nur darauf und schließen andere Wahrnehmungen der Umgebung aus.

Ein Problem kann bei Tilgung entstehen, wenn jemand zum Beispiel eine bestimmte Sinnesmodalität in einem bestimmten Kontext bevorzugt, zum Beispiel visuell, und nicht hört, daß jemand ihm etwas sagen möchte. Getilgte Erfahrungsanteile aufzudecken bedeutet daher, fehlende Informationen für eine mögliche Lösung zu finden.

Tilgungen können im Zusammenhang mit:
1. Adjektiven,
2. Vergleichen, Komparativ und Superlativ,
3. Adverbien
erfragt werden.

Beispiele für das Erkennen und Hinterfragen von Tilgungen

1. Bei der Tilgung wird die Beschreibung einer Beziehung, einer Person, eines Gegenstandes ausgelassen, getilgt, obwohl diese Beschreibung die Aussage bereichern oder verändern könnte. Es werden **Adjektive** verwendet.

Beispiele

„Ich fühle mich glücklich."

Fragen: „Glücklich worüber?"
„Weswegen fühlst du dich glücklich?"
„Wegen wem fühlst du dich glücklich?"

„Dieses Buch macht erfolgreich in der Kommunikation."
Fragen: „Wen macht es erfolgreich?"
„In der Kommunikation mit wem macht das Buch erfolgreich?"

Überlegen Sie sich nun selbst Fragen zu den folgenden Aussagen:

- ➤ Er fühlt sich zufrieden.
- ➤ NLP macht flexibel.
- ➤ Sie war ängstlich.
- ➤ NLP schafft gute Zustände.
- ➤ Sie ist unhöflich.
- ➤ Ein NLP-Seminar macht selbstbewußt.
- ➤ NLP macht powerful.

2. Tilgungen können auch im Zusammenhang mit **Komparativen** und **Superlativen** erfragt werden.

Beispiele

„Was ich meinen Patienten verschreibe, ist immer das Beste."
Frage: „Das Beste wovon?"

„Es geht mir nach der Behandlung viel schlechter."
Fragen: „Schlechter im Vergleich wozu?"
„In bezug worauf geht es Ihnen schlechter?"

Überlegen Sie sich nun selbst Fragen zu den folgenden Aussagen:

- ➤ Ich habe ein Problem.
- ➤ Kurse für NLP sind teuer.
- ➤ Aggressive Patienten beunruhigen mich.
- ➤ Andere Ärzte verdienen mehr als ich.
- ➤ Das gefällt mir weniger gut.
- ➤ Er ist besser.
- ➤ Seine Therapie ist besser.

- ➤ Seine Art gefällt mir nicht besonders.
- ➤ Seine Mitarbeiterinnen sind erfahrener.

3. Tilgungen können auch bei bestimmten **Adverbien** erfragt werden wie:
- ➤ offensichtlich
- ➤ bedauerlicherweise
- ➤ erstaunlicherweise

Beispiel
„Erstaunlicherweise wurde sie nicht krank."
Frage: „Für wen ist das erstaunlich?"

Überlegen Sie sich nun selbst Fragen zu den folgenden Aussagen:
- ➤ Bedauerlicherweise hört er nicht auf zu rauchen.
- ➤ Offensichtlich hast du ein Problem.
- ➤ Erstaunlicherweise bekam sie Krebs.
- ➤ Bedauerlicherweise läßt sie sich oft krankschreiben.
- ➤ Offensichtlich macht sie viele Diäten.
- ➤ Seine Faulheit ist offensichtlich.
- ➤ Erstaunlicherweise schimpfte der Chef.

Verzerrung

... erlaubt uns, unsere Wahrnehmung nach unseren Bedürfnissen, nach unserer Phantasie umzugestalten.

Wir nehmen oft an, daß andere Menschen ganz bestimmte Gefühle oder Zustände in uns bewirken. Wir können uns durch unsere Phantasie „auf Erfahrungen vorbereiten, bevor sie erfolgen. Man verzerrt die gegenwärtige Realität. Ebendieser Prozeß hat all jene künstlerischen Schöpfungen ermöglicht, die wir Menschen hervorgebracht haben. Ein Himmel, wie er in einem Gemälde von van Gogh dargestellt wird, ist nur in dem Rahmen möglich, in dem van Gogh seine Wahrnehmung des Raum-Zeit-Gefüges zu verzerren mochte" (Bandler, Grinder: *Metasprache & Psychotherapie. Struktur der Magie I*).

Beispiele für das Erkennen und Hinterfragen von Verzerrungen

Verzerrungen werden erkannt an Aussagen, die eine Ursache-Wirkung-Beziehung behaupten. Das Modell des Gesprächspartners ist so verzerrt, daß Verantwortlichkeiten als fremdbestimmt dargestellt und erlebt werden.

Beispiel
„Ich bin traurig, weil meine Arzthelferin zu spät kommt."
Frage: „Bist du immer traurig, wenn sich jemand verspätet?"

Überlegen Sie sich nun selbst Fragen zu den folgenden Aussagen:

- Er ist schuld, daß sie so dick ist.
- Ich bin erstaunt, daß du meinen Geburtstag vergessen hast.
- Sein Lachen ärgert mich.
- Du machst mich nervös.
- Er fühlt sich schlecht, weil sie weint.
- Sie ist unzufrieden mit ihrem Leben.

Nominalisierungen

... sind abstrakte Hauptwörter. Sie entstehen, wenn bei der Umwandlung der Tiefenstruktur zur Oberflächenstruktur aus Verben Nomina werden. Dabei entsteht ein Verlust an Wahlmöglichkeiten.

Viele Politiker verwenden Nominalisierungen. Das Denken in Nominalisierungen bewirkt, daß sich Tätigkeiten zu abgeschlossenen Ereignissen entfremden und sich damit der eigenen Kontrolle entziehen. Es fördert ein Denken in Schubladen.

Beispiele für das Erkennen und Hinterfragen von Nominalisierungen

➤ kommunizieren	➤ Kommunikation
➤ enttäuschen	➤ Enttäuschung
➤ sich einigen	➤ Einigung
➤ denken	➤ Denken

- helfen ➤ Hilfe
- scheitern ➤ Mißerfolg
- ablehnen ➤ Ablehnung
- hoffen ➤ Hoffnung

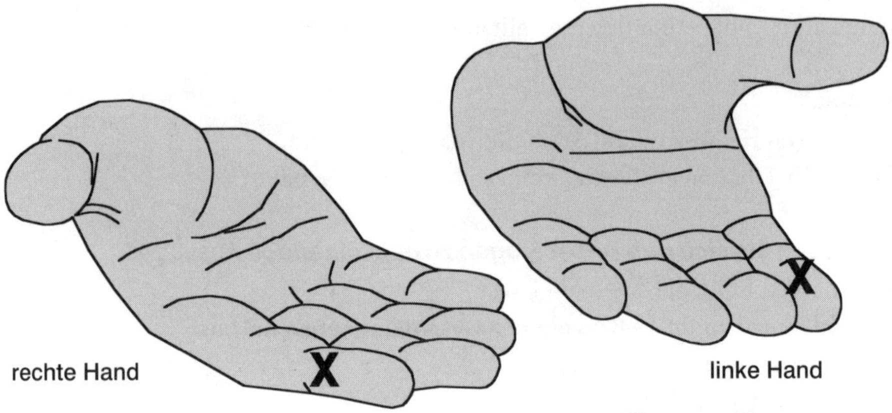

Nominalisierung, Substantive

Wer genau? Was genau?

Beispiel

„Wir müssen die Kommunikation verbessern."

Fragen: „Mit wem möchten Sie besser kommunizieren?"

„Wie möchten Sie kommunizieren?"

Überlegen Sie sich nun selbst Fragen zu den folgenden Aussagen:

- Wir müssen eine Entscheidung treffen.
- Es gab genug Enttäuschungen.
- Wir brauchen eine Einigung.
- Das Denken meines Freundes besorgt mich.
- Unsere Beziehung ist schlecht.
- Sie müssen den Frieden verbessern.
- Er muß seine Hilfe anbieten.

Unvollständig spezifizierte Verben

... lassen nicht erkennen, welche genaue Erfahrung hinter der Aussage steht. Durch das Verb wird keine klare Tätigkeit ausgedrückt, d.h. der Gesprächspartner erhält kein Verständnis für die gemachte Erfahrung. Es wird nicht konkret genug ausgedrückt.

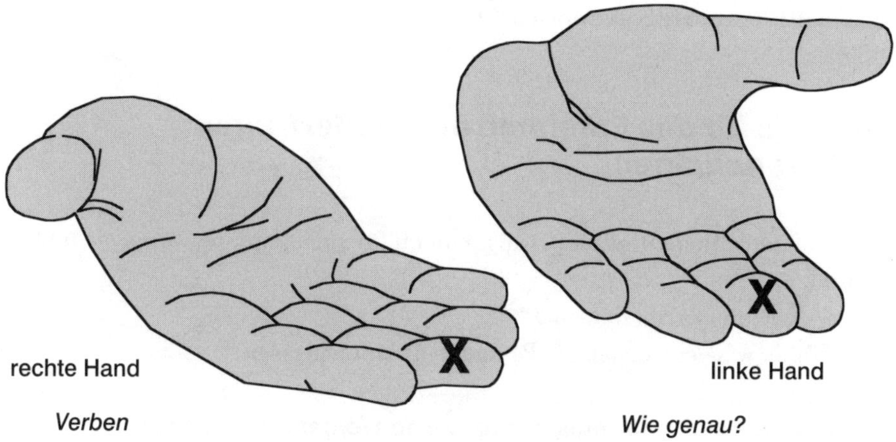

Beispiele für das Erkennen und Hinterfragen von unvollständig spezifizierten Verben

„Dieser Patient macht mich verrückt."
Frage: „Wie macht er Sie verrückt?"
„Ich fühle mich schlecht."
Frage: „Wie fühlst du dich genau, wenn du dich schlecht fühlst?"

Überlegen Sie sich nun selbst Fragen zu den folgenden Aussagen:

- Sie untersucht gerade einige andere Möglichkeiten.
- Ich hätte gerne mehr Informationen.
- Er ignoriert mich.
- Er sollte seine Liebe zeigen.
- Sie macht mich ärgerlich.
- Ich hatte schon einmal ein ähnliches Problem.
- Er hat sie verletzt.
- Sie vergißt ihn immer.
- Ich bin depressiv.
- Er fühlt sich nicht anerkannt.
- Ich fühle mich mit dieser Entscheidung noch nicht ganz sicher.

Voranannahmen

... sind Aussagen, die nicht weiter überprüft werden, die aber zutreffend sein müssen, damit der weitere Satz Sinn macht.

Beispiele für das Erkennen und Hinterfragen von Voranannahmen

„Wenn meine Patienten wüßten, wie ich mich für sie aufopfere, wären sie nicht so undankbar."
Fragen: „Wie opfern Sie sich auf?"
„Woher wissen Sie, daß die Patienten das nicht wissen?"

Überlegen Sie sich nun selbst Fragen zu den folgenden Aussagen:

- Wenn er sie lieben würde, würde er früher von der Arbeit kommen.
- Ich meine, er hat Angst.
- Da meine Rede nicht so interessant ist wie seine, mag ich sie nicht halten.
- Ich befürchte, daß das Mädchen genauso verschwenderisch sein wird wie ihr Vater.
- Wenn der Arzt mich weiter krankgeschrieben hätte, hätte ich meine Stelle nicht verloren.
- Er weiß, daß er mit NLP weiterkommt.

Verlorenes Performativ

Diese Aussagen über das Modell der Welt gelten für die ganze Welt (Wertvorstellungen):

- Es ist wahr, daß ...
- Es ist schlecht, daß ...
- Es ist richtig, daß ...
- Es ist verrückt, daß ...

Beispiel
„Es stimmt, daß alle Arbeitslosen zu faul sind zu arbeiten."
Fragen: „Stimmt das immer?"

„Betrifft das alle Arbeitslose?"
„Wer sagt das?"
„Auf wen trifft das zu?"

Überlegen Sie sich nun selbst Fragen zu den folgenden Aussagen:

- Es ist wahr, daß alle Menschen gerne arbeiten.
- Es ist richtig, seinen Urlaub immer in Mexiko zu verbringen.
- Es ist gut, immer nach dem Essen einen Tequila zu trinken und zu rauchen.
- Es ist verkehrt, von Sozialhilfe zu leben.
- Es stimmt, daß Psychotherapie etwas für Spinner ist.
- Es ist falsch, daß gutes Essen immer dick macht.
- Es stimmt, daß fleißige Studenten später mehr Geld verdienen.

Gedankenlesen

Mit diesen Aussagen behauptet man, genau zu wissen, was der Gesprächspartner denkt und fühlt.

Beispiel für das Erkennen und Hinterfragen von Gedankenlesen

„Ich werde nicht mehr gesund."
Frage: „Woher weißt du das?"

Überlegen Sie sich nun selbst Fragen zu den folgenden Aussagen:

- Ich weiß, daß Sie da anderer Meinung sind.
- Ich denke, du bist sehr ängstlich.
- Ich weiß, was du willst.
- Immer wenn du das sagst, bist du ärgerlich.
- Er beachtet meine Gefühle nicht.
- Ich weiß, was Sie jetzt denken.

Zusammenfassung der Fragemöglichkeiten

Generalisierung	Frage nach den Ausnahmen: Alle? Nie? Wirklich keiner? – Was hindert dich? Was würde passieren, wenn ...? Wer sagt das? Wer genau? Für wen stimmt das?
Tilgung	Wem? Was? Wer genau? Was genau? Besser als was? Was würde passieren, wenn ...? Weswegen? Wegen wem?
Verzerrung	Was genau macht ...? Wie genau macht x ... y?
Nominalisierung	In welcher Hinsicht? Wer? Wie? Was?
Unvollständig spezifizierte Verben	Wie genau?
Vorannahmen	Woran erkennst du ...?
Verlorenes Performativ	Auf wen trifft das zu?
Gedankenlesen	Woher weißt du das?

18. Die Software des Gehirns – Metaprogramme

Dieses Wort klingt sehr technisch. Tatsächlich funktioniert unser Gehirn in gewisser Hinsicht analog zu Computerprogrammen. Metaprogramme sind übergeordnete **Sortierkategorien**, die uns helfen, Informationen auszuwählen und in einer bestimmten Art und Weise zu verarbeiten, damit wir nicht von unbrauchbarem oder unwichtigem Input überflutet werden. Sie liefern uns ein Ordnungssystem, in das wir neu gewonnene Informationen einsortieren. Unser Gehirn nimmt unendlich viele Informationen im Laufe des Lebens auf und ordnet sie so an, daß sie für uns einen Sinn geben. Die Metaprogramme wirken ähnlich wie Computerprogramme in unserem Gehirn, die bestimmen, ob wir etwas spaßig oder langweilig, angenehm oder bedrohlich finden. So kann z.B. Lesen für manche Schulkinder etwas Langweiliges sein oder aber auch etwas Spaßiges oder auch die angenehme Möglichkeit, sich in seine Oase der Ruhe zu begeben. Amerikanische Wissenschaftler fanden heraus, daß wir unsere ursprünglichen Sinneseindrücke bei der internalen Verarbeitung verändern. Denn sonst würde alles ungefiltert auf uns einströmen. Sie fanden heraus, daß unser unbewußtes Denken nicht mehr als sieben Informationsbrocken, Chunks genannt, auf einmal bewältigen kann. Alle Wahrnehmungen werden zuerst durch die Beschränkung unserer Sinne gefiltert. Zugleich filtern und sortieren wir Wahrnehmungen durch bewußte Lenkung unserer Aufmerksamket. Danach filtern bzw. sortieren wir Wahrnehmungen durch bewußte Lenkung unserer Aufmerksamkeit. Danach filtern bzw. sortieren wir noch einmal nach gut/schlecht, gewohnt/ungewohnt, gefährlich/ungefährlich. Erst danach entstehen bewußte Eindrücke.

Psychologen haben herausgefunden, daß Menschen für positiv empfundene Erlebnisse andere Metaprogramme benutzen als für negative. Überträgt man das Metaprogramm einer positiven Erfahrung auf eine negative, so verändert man die Einstellung zu dem Ereignis. Metaprogramme, Denkmuster sind individuelle Wahrnehmungsfilter, die bestimmen, ob eine Botschaft ankommt oder nicht, ob Sie als Chef von Ihren Arzthelferinnen und Patienten verstanden werden oder nicht, ob ein Problem oder Ereignis von uns als gut oder schlecht, als langweilig oder interessant bewertet wird.

Mit der Kenntnis des Metaprogramms einer Person können wir einfacher Rapport zu ihr herstellen (und vertiefen) und möglicherweise ihre Reaktionen bzw. ihr Verhalten in bestimmten Situationen vorhersehen. Man kann Metaprogramme aber auch als Hilfsmittel zur eigenen Veränderung nutzen, zum Beispiel für den Bereich des Modellierens. Hierbei werden mit Hilfe der Sortierkategorien diejenigen Muster analysiert, die z.B. erfolgreiche Menschen erfolgreich werden lassen. Bisher werden Sie sicherlich nicht darüber nachgedacht haben, welche Metaprogramme Sie selbst verwenden. Wenn Sie ein Metaprogramm bei sich ändern wollen, müssen Sie es sich erst einmal bewußtgemacht haben. Sie ändern Ihr Metaprogramm entweder durch gemachte negative Erfahrungen oder durch bewußte Entscheidung.

Auf Ihre Praxis übertragen, ist es wichtig für Sie, zu erfahren, warum ein Patient Ihre Praxis aufsucht:

- Will er von einem anderen Arzt weg oder will er zu Ihnen hin, weil er von einem Bekannten eine Empfehlung bekommen hat?
- Will er sichtbare Beweise für den Erfolg Ihrer Behandlung in Form von schriftlichen Befunden, oder will er spüren, daß die Behandlung anschlägt?
- Fühlt er sich in Ihrer Praxis wohl, weil das Umfeld seinem Zuhause ähnlich ist, oder findet er gerade die Unterschiede in der Einrichtung im Gegensatz zu seinem Zuhause interessant?
- Will er unabhängig sein, also zu Hause eine Tablette schlucken, oder will er sich lieber Spritzen geben lassen und sich zeitlich und räumlich in eine zeitlich begrenzte Abhängigkeit begeben?
- Will er einen Überblick über eine Therapie bekommen, oder will er erst einmal Einzelheiten darüber erfahren?
- Sieht er die Arztpraxis als Anlaufstelle für seine persönlichen Probleme, oder will er reine medizinische Leistung, die sich auf das Wesentliche beschränkt? usw.

Für manche Patienten sind Gefühle wichtig, das „Wie lieb geht der Doktor mit mir um“, für andere Patienten sind logische Kriterien, z.B. die sachliche Therapie ohne Umschweife und Schnörkel, wichtig. Manche Patienten treffen ihre Entscheidung, eine Therapie anzunehmen aufgrund von Tatsachen und Zahlen. Sie stellen sicher, ob die einzelnen Teile funktionieren und wenden sich erst danach dem Gesamtbild zu. Manche Patienten brauchen erst einmal ein umfassendes Konzept, sie wollen den großen Zusammenhang sehen. Erst wenn der ihnen gefällt, denken sie über die Einzelheiten nach. Manche Arzthelferinnen werden durch neue Herausforderungen, neue Dinge, angespornt. Sie haben ein starkes Interesse an der Arbeit, wenn es immer wieder neue Ideen gibt, und verlieren die Lust, sobald es Routine wird. Manche wiederum fühlen sich bei der täglichen Routine wohler und reagieren ängstlich, sobald etwas Neues auf sie zukommt.

Folgende grundlegende Sortierkategorien gibt es:

1. Orientierung: hin zu – weg von
2. Bezugsinformation: außen – innen (external – internal)
3. Verarbeitung: Ähnlichkeit – Verschiedenheit
4. Beziehung: für mich – für andere – für uns
5. Verarbeitung: induktiv – deduktiv (Detail – Ganzes)

Metaprogramm-Fragen

1. Orientierung nach *„hin zu* positiv" – *„weg von* negativ"

Positiv: „Ich möchte schlank sein und mich gesund ernähren (hin zu)."
Negativ: „Ich möchte nicht mehr so dick sein (weg von)."

Die Frage nach dem Metaprogramm hin zu – weg von ist:

- „Was erwarten Sie von X?"
- „Was an X ist Ihnen wichtig?"

Das normale menschliche Erleben zielt darauf ab, etwas Schönes zu erleben und etwas Schlechtes zu vermeiden. Der eine geht zu Fuß zur Arbeit, weil er den morgendlichen Spaziergang genießt. Der andere geht zu Fuß zur Arbeit, weil er beim Autofahren Angst bekommt. Der eine sucht das Vergnügen und bewegt sich auf etwas Positives hin, der andere vermeidet etwas Unangenehmes und bewegt sich davon weg.

Das Wissen um dieses Metaprogramm kann Ihnen z.B. dann helfen, wenn Sie Ihrem Patienten eine neue Therapie erklären wollen, die Sie bei ihm einsetzen möchten. Sie können ihm sagen, welche Vorteile diese Therapie hat, oder Sie können ihm sagen, welche Nachteile sie nicht hat. Sie können ihm sagen, wie sicher und schnell diese Therapie gerade bei seiner Krankheit ist, Sie können ihm aber auch sagen, wie preiswert und nebenwirkungsarm sie ist. Um dem Patienten diese

Therapie so anzubieten, daß er sie auch annimmt, müssen Sie sein Metaprogramm kennen. Er wird Sie sonst nicht verstehen. Sie müssen wissen, ob sich der Patient lieber auf positive Dinge zubewegt oder lieber etwas Negatives vermeiden möchte.

Oder nehmen wir Ihre Arzthelferin. Nehmen wir einmal an, Sie möchten, daß Ihre Helferin mehr Zeit für die eigene Weiterbildung verwendet, weil Sie sie an einer verantwortungsvollen Position mit viel Selbstständigkeit, gleichsam als Ihre Assistentin, in Ihrer Praxis einsetzen wollen. Sie können ihr dann sagen: „Sie sollten wirklich mehr lernen. Sehen Sie sich die anderen Helferinnen an, die haben auch so wenig gelernt wie Sie, deshalb sind sie nur Arzthelferinnen geworden und verdienen nur wenig Geld für viel Arbeit." Diese Motivationsstrategie wird funktionieren, wenn die Helferin Unangenehmes, nämlich wenig Geld zu verdienen, vermeiden will. Wenn sich Ihre Helferin jedoch lieber auf positive Dinge zubewegt, wenn sie also zu motivieren ist durch aufregende, attraktive Dinge wie vielleicht mehr Selbstständigkeit, mehr Verantwortung, mehr Freizeit, dann wird sie durch diese Strategie nicht motiviert. Dann könnten Sie noch weitere Beispiele bringen, um von etwas abzuschrecken. Sie werden mit Sicherheit aneinander vorbeireden. Daher wäre es in dem zweiten Fall, positive Orientierung, zum Beispiel sinnvoller zu sagen: „Wenn Sie mehr Zeit für Fortbildung aufwenden, können Sie sich später aussuchen, in welcher verantwortungsvollen Stelle Sie arbeiten wollen. Sicher werden Sie auch mehr Freizeit haben und mehr Geld verdienen."

2. Orientierung an *externalem* oder *internalem Bezugsrahmen*

External: „Meine Kollegen sagen mir, daß ich gute Arbeit leiste."
Internal: „Ich weiß, daß ich ein beliebter Chef bin."

Die Frage nach dem Metaprogramm external – internal ist:

- „Wie erkennen Sie, daß Sie etwas gut gemacht haben?"
- „Woran erkennen Sie, daß Sie ein beliebter Chef sind?"
- „Sind Sie auf Ihre inneren Gefühle orientiert oder auf das, wer oder was Sie umgibt?"

Manche Menschen benötigen äußere Beweise, um sicher zu sein, etwas richtig gemacht zu haben. Sie brauchen eine Auszeichnung für ihre Arbeit, oder ein freundliches Wort, eine Gehaltserhöhung. Sie wollen von anderen hören, daß sie etwas gut gemacht haben. Erst dann wissen sie, daß sie gute Arbeit geleistet haben. Sie orientieren sich an einem äußeren Bezugsrahmen. Manche Menschen fühlen es einfach, daß sie etwas gut gemacht haben. Sie vertrauen sich und ihren Gefühlen mehr als dem, was andere dazu sagen. Ihre Bestätigung und eigene Einschätzung kommt von innen. Wirkliche Führungspersönlichkeiten haben einen starken inneren Bezug. Sie müssen sich selbst vertrauen und können nicht ständig andere fragen, was sie denken, bevor sie etwas unternehmen. Natürlich gibt es Übergänge dabei, und erfolgreiche Menschen nutzen Informationen von innen und außen. Einer meiner Patienten sagte mir einmal, nachdem ich ihm eine teure, jedoch privat zu zahlende Therapie als die beste für seinen derzeitigen Gesundheitszustand vorgeschlagen hatte, er sei noch nicht überzeugt davon. Aus dem Gespräch mit ihm ging hervor, daß seine Orientierung einen „inneren Bezugsrahmen" hatte. Ich sagte ihm, daß ich ihn gar nicht überzeugen könne, da nur er tatsächlich der einzige sei, der sich selbst überzeugen könne. Ich sagte ihm: „Sie sind d*er einzige, der weiß*, was gut ist für Sie, und *der weiß*, was Ihnen entgehen würde, wenn Sie diese Therapie nicht machen würden." Ich sagte ihm nicht, daß ihm etwas entginge, wenn er diese Therapie nicht machen würde. Dann hätte er sich sicherlich nicht dafür entschieden. Schwierig ist es, wenn in einer Partnerschaft der eine einen inneren, der andere einen äußeren Bezugsrahmen hat. Dann braucht der eine ständig sichtbare oder hörbare Beweise, daß der andere ihn noch gern hat, während der andere es einfach fühlt, daß er noch geliebt wird. Und der andere versteht meist nicht, warum er schon wieder, zum x-ten Mal sagen und beweisen soll, daß er seinen Partner/in gern hat. Für ihn ist es vom Gefühl her einfach klar.

3. Orientierung nach *Ähnlichkeit* oder *Verschiedenheit*

Ähnlichkeit: „Mir geht es so gut, weil diese Patienten genauso wie meine Familie sind."

Verschiedenheit: „Mir geht es schlecht, weil meine Arzthelferinnen ganz anders arbeiten als ich."

Die Frage nach dem Metaprogramm Ähnlichkeit – Verschiedenheit ist:

- „Vergleichen Sie die Patienten, die Sie haben, mit denen, die Sie früher hatten."
- „Bevorzugen Sie das, was Sie schon kennen?"
- „Lieben Sie eher Abwechslungen?"

Dieses Metaprogramm legt fest, wie Sie Informationen auswählen. Manche Menschen suchen vorwiegend nach Gemeinsamkeiten. Sie sehen sich Situationen, Dinge oder Menschen an und konzentrieren sich darauf, was sie alles miteinander gemeinsam haben und womit sie selbst übereinstimmen.

Andere Menschen konzentrieren sich vor allem auf die Unterschiede. Sie sehen zwar auch Übereinstimmungen, jedoch fallen ihnen zuerst die Ungleichheiten und

Unstimmigkeiten auf. Um zu bestimmen, ob jemand überwiegend Ähnlichkeiten oder überwiegend Verschiedenheiten wahrnimmt, fragen Sie ihn einfach nach den Beziehungen zwischen Objekten oder Erlebnissen. Wenn zwei Menschen aufeinanderprallen, von denen der eine vorwiegend Ähnlichkeiten feststellt, der andere vorwiegend Verschiedenheiten, werden sie leicht aneinander vorbeireden. Die Verschiedenheits-Sucher haben oft Schwierigkeiten, zu anderen Menschen Rapport herzustellen, denn sie versuchen immer die Ausnahme einer Regel zu finden. Der Ähnlichkeitssucher wird seine Arzthelferinnen als Partner sehen, die in seinem Sinne seine Patienten gut behandeln, sie an die Praxis binden und für ihn das Geld verdienen; der Verschiedenheitssucher wird seine Helferinnen als bezahlte Feinde sehen, die sowieso nicht richtig arbeiten können und dazu noch zuviel Geld kosten. Verschiedenheitssucher sind nach neuesten Umfrageergebnissen amerikanischer Psychologen in der Minderheit. Ihre Sichtweise ist unverzichtbar, da ihnen Dinge auffallen, die anderen entgehen. Verschiedenheitssucher sind Menschen, die geeignet sind, Tätigkeiten auszuüben, die viel Flexibilität und Veränderungsarbeit erfordern. Ähnlichkeitssucher passen eher zu Tätigkeiten, die viel Routinearbeit enthalten. In der Weise ist es für Sie als Arbeitgeber wichtig zu erkennen, welche Arzthelferin Sie an welchem Platz einsetzen. Eine Ähnlichkeitssucherin werden Sie bevorzugt für Routinearbeiten einsetzen, während die Verschiedenheitssucherin eher an die Anmeldung passen würde, wo im Umgang mit den Patienten viel Flexibilität erforderlich ist.

4. Orientierung nach *Beziehung „für mich", „für andere", für uns"*

Für mich: „Ich fühle mich gut, weil *ich* an diesem Platz arbeiten darf."
Für andere: „Wichtig ist für mich, daß den anderen mein Arbeitsstil gefällt."

Die Frage nach dem Metaprogramm Beziehung „für mich", „für andere", „für uns" ist:

- „Für wen ist es wichtig?"
- „Auf wen achten Sie dabei, auf sich oder auf die anderen?"

Jede Ihrer Arzthelferinnen hat ihre eigene Arbeitsstrategie, die es zu beachten gilt, wollen Sie sie optimal in Ihrer Praxis einsetzen. Wenn Sie Kommunikationsschwierigkeiten mit Ihrem Personal haben, werden Sie feststellen, daß das Wissen um die Metaprogramme Ihnen dabei helfen wird, Ihre Kommunikation so zu verändern, daß die Probleme gelöst werden können. Wenn Sie nun meinen, manche Menschen, wie z.B. Arzthelferinnen oder Patienten, ließen sich nie ändern, dann halten

Sie sich bitte immer eine der Grundannahmen des NLP vor Augen, die in Abänderung besagt: Es gibt keinen Widerstand bei den Angestellten oder Patienten, es gibt nur unflexible Arbeitgeber und Therapeuten. Denken Sie einmal an eine Situation in Ihrer Praxis, die Sie sehr frustriert hat. Zum Beispiel haben Sie einen Patienten mit viel Aufopferung behandelt, der diese Leistung Ihrer Meinung nach jedoch überhaupt nicht gewürdigt hat. Bestimmen Sie dann das Metaprogramm des Patienten und Ihr eigenes. Sie brauchten vielleicht immer wieder die Bestätigung von Ihrem Patienten, was für ein guter, fürsorglicher Arzt Sie sind, und er ist vielleicht deshalb erst nach einem Jahr zur Kontrolle wieder in Ihre Praxis gekommen, weil die Therapie so gut angeschlagen hatte.

5. Orientierung nach *induktiv – deduktiv*

Induktiv: vom Spezifischen auf das Allgemeine schließen, das heißt: ausschweifende Erklärungen mit vielen Details.
Deduktiv: vom Allgemeinen auf das Spezifische schließen, das heißt: übersichtlich mit Überblick.

Die Fragen dazu könnten lauten:

- „Wenn Sie eine Entscheidung treffen müssen, wollen Sie alle Details erfahren oder zuerst ein Gesamtbild bekommen?“
- „Möchten Sie zuerst einen Überblick bekommen oder erst etwas über die Einzelheiten erfahren?“

Manche Menschen brauchen erst einmal einen Überblick über eine Sache oder Situation, bevor sie eine Entscheidung treffen können. Sie lesen von einem Buch erst einmal die Zusammenfassung. Sie würden verwirrt sein, wenn sie ein Produkt kaufen wollten und gleich zu Anfang mit einem Berg von Einzelinformationen überhäuft würden. Manche wiederum brauchen erst einmal viele Einzelheiten, bevor sie über das Allgemeine nachdenken.

Es gibt noch viele andere Metaprogramme, einige sollen an dieser Stelle nur kurz erwähnt werden:

Orientierung nach persönlich – sachlich:
Stärke, Verbundenheit, Leistungsorientierung.

Orientierung nach dem bevorzugten Repräsentationssystem:
visuell, auditiv, kinästhetisch, olfaktorisch, gustatorisch.

Überzeugungsstrategie:
Wie viele Beispiele, Tests braucht jemand, bis dieser eine Erfahrung als erfolgreich oder erfolglos bewertet und entsprechende Lernvorgänge als Erfolg oder als Fehler bestätigt?

Orientierung proaktiv – reaktiv:
Proaktiv: Dinge sofort machen.
Reaktiv: Alles erst einmal in Ruhe überlegen.

19. Was sind Anker?

Anker sind Reize, die einer Erfahrung Dauer verleihen können. Mit unseren fünf Sinnen nehmen wir ständig Reize, Informationen, auf. Alle Erfahrungen, die wir im Laufe unseres Lebens machen, sind in unserem Gehirn abgespeichert. Jeder von uns hat im Laufe seiner Lebensgeschichte unzählige Anker eingerichtet, über die er sich vergangene Ereignisse, Situationen, Gefühle, Erfahrungen wieder zugänglich macht. Wir benutzen ständig Anker, ob wir es wollen oder nicht. Eine der Grundannahmen im NLP ist:

Man kann nicht nicht ankern.

Das heißt, wenn wir mit jemandem kommunizieren, setzen wir ständig Anker bei ihm oder rufen bei ihm Anker ab. Ist man sich dieser Tatsache bewußt, sollte man besser lernen, bewußt zu ankern. Ein Anker ist die Verbindung eines Gefühls oder einer Erinnerung zu einem bestimmten Reiz. Sie kennen sicher das Gefühl, das auftritt, wenn Sie ein bestimmtes Foto sehen, ein bestimmtes Wort hören, eine spezielle Musik hören, einen bestimmten Geruch riechen, etwas Bestimmtes essen oder etwas Bestimmtes fühlen und dadurch ein sehr spezieller, manchmal intensiver Zustand, eine Erinnerung, bei uns ausgelöst wird. Wir können durch bestimmte Reize (Anker) Erlebnisse, die manchmal schon lange Zeit zurückliegen, sofort lebendig werden lassen oder durch bestimmte Reize die Erinnerung an eine bestimmte Person oder Handlung wachrufen. Eine wesentliche Grundannahme des NLP ist, daß alle Menschen Fähigkeiten (Ressourcen) besitzen, die in der persönlichen Geschichte des einzelnen zu finden sind und mit deren Hilfe Veränderungen herbeigeführt werden können. Das Ankern nutzt diesen Prozeß, indem absichtlich ein bestimmter Reiz mit einem bestimmten Erlebnis verknüpft wird. Ist ein Anker einmal eingerichtet, so kann dieser bewußt eingesetzt werden, um eine bestimmte Erinnerung oder einen bestimmten Zustand immer wieder hervorzurufen. Mit dem Ankern haben wir die wunderbare Möglichkeit, dauerhafte Auslösemechanismen in uns selbst und bei anderen einzurichten; Auslöser, die es erlauben, in jeder beliebigen Situation ganz automatisch einen Zustand hervorzurufen, ohne darüber nachzudenken. Immer wenn Sie sich in einem Zustand intensiven Erlebens befinden und auf dem Höhepunkt dieses Erlebnisses ein spezifischer Reiz (visuell, auditiv, kinästhetisch, olfaktorisch, gustatorisch) auftritt, wird eine neurologische Verbindung zwischen dem Erleben und dem spezifischen Reiz hergestellt.

Ankern ist der Prozeß, vermittels dessen ein bestimmter Reiz absichtlich mit einer bestimmten Erfahrung verknüpft wird.

Nehmen Sie das Ihnen vom Studium her bekannte Beispiel der „Pawlovschen Hunde“: Pawlov legte den Hunden Fleischstücke vor, die sie natürlich fressen wollten, jedoch nicht erreichen konnten, was bei ihnen eine starke Speichelbildung auslöste. Während sie in diesem Zustand starker Speichelbildung waren, betätigte er eine Klingel. Das tat er mehrere Male. Wie Sie wissen, brauchte Pawlov nach einiger Zeit nur noch zu klingeln, um bei den Hunden auch ohne Vorlage von Fleisch die Speichelbildung auszulösen. Er hatte eine neurologische Verbindung zwischen dem Klingelton und der Speichelbildung hergestellt. Das heißt, dieser Vorgang lief nach Herstellung der neurologischen Verbindung unbewußt, automatisch, bei den Hunden ab.

Auch bei uns besteht ein großer Teil unseres Verhaltens aus solchen Vorgängen. Denken Sie an Streßsituationen, in denen viele Menschen unbewußt, gleichsam wie Roboter, zur Zigarette greifen. Sie denken darüber nicht nach. Oder denken Sie an den Duft von frisch gebackenem Weihnachtsgebäck, an den Duft von Zimt und Tannengrün, an die Weihnachtsglocken. Es wird Sie vielleicht daran erinnern, wie Sie Weihnachten als Kind mit Ihrer Familie erlebten, und Sie können all dies wiedererleben. Oder ein bestimmtes Lied löst die Erinnerung an Ihre erste Liebe aus, und Sie erinnern sich auf einmal an diese Situation, erleben diesen Zustand von höchstem Glücksgefühl. Das heißt, ein Teil der Erinnerung macht die Gesamterinnerung wieder lebendig. Ein Anker kann jeder Reiz sein, der über unsere fünf Sinne empfangen wird: ein Gesichtsausdruck, Gesten, Worte, Stimme, Sprechtempo, Berührung, Geruch, Geschmack. Alle Reize können Anker von Erfahrungen werden.

Das am meisten verwendete Ankersystem ist sicher die Sprache, also Wörter. Nehmen Sie zum Beispiel das Wort Hund. Bei diesem Wort werden bestimmte Assoziationen geweckt. Visuell das Aussehen, auditiv das Bellen, kinästhetisch das Gefühl des Fells, olfaktorisch der Geruch des Fells. Bei Veränderung dieses Wortes verändert sich auch die Assoziation, wie zum Beispiel aggressiver Hund, verletzter Hund.

Die Werbung nutzt diese Anker auf allen Sinnesebenen. Denken Sie an Werbesprüche wie „Freut sich die Katze, freut sich der Mensch“, ein Anker, der Zufriedenheit auslöst, oder: „Er läuft und läuft und läuft“, ein Anker, der Zuverlässigkeit und Beständigkeit auslöst, oder: „Nichts ist unmöglich ...“, was Stärke, Power bewirkt. Eine Änderung nur eines Wortes in diesen Werbeslogans würde eine andere Assoziation bewirken. Wie wäre es jedoch, wenn Sie den letzten Spruch versuchsweise für Ihre Praxis z.B. abändern in: „Geht nicht gibt's nicht.“ Und bemerken Sie, wie er wirkt! Der Sinn des Ankerns im NLP liegt in der Möglichkeit, vorhandene Ressourcen in bestimmten Situationen zu mobilisieren und diese sich selbst und dem Gesprächspartner zugänglich zu machen. Entscheidend für das Einsetzen eines Ankers zum passenden Zeitpunkt ist die Fähigkeit zur genauen Wahrnehmung der physiologischen Veränderungen beim Gesprächspartner. Anker sind vor allem in der NLP-Veränderungsarbeit nützlich. Richard Bandler, der Mitbegründer des NLP, ist der Meinung, daß man mit der Technik des Ankerns selbstgesteckte Ziele durch Aktivieren vorhandener Ressourcen leichter erreichen könne. Da Anker in allen Sinnessystemen eingerichtet werden können, können Sie nun Anker im visuellen, auditiven, kinästhetischen, olfaktorischen und gustatorischen Bereich einsetzen, wobei der visuelle und auditive für uns der häufigste sein wird.

Als Arzt/Ärztin haben Sie darüber hinaus ein besonderes Privileg: Es ist Ihnen, wie in kaum einem anderen Beruf, gestattet, kinästhetische Anker zu setzen. Denn bei jeder Untersuchung dürfen, ja müssen Sie Ihren Patienten berühren. Versuchen Sie daher einmal im Praxisalltag, eine ressourcevolle Erfahrung des Patienten mit einer Berührung, d.h. mit einem kinästhetischen Anker, zu verbinden, zum Beispiel am Oberarm. Oder verbinden Sie eine bestimmte Bewegung (visueller Anker) mit einer ressourcevollen Erfahrung.

Viele Sportler setzen Anker ein, um sich positiv für einen Wettkampf zu stimulieren. In der Werbung werden ständig Anker gesetzt. Und Politiker verwenden sehr bewußt Anker, zum Beispiel in Form von Symbolen. Mit Ankern können Sie viel Positives bewirken, bei falschem Ankern jedoch auch Negatives auslösen. Wenn Sie einen Patienten an der Schulter ankern, während er gerade von seiner verstorbenen Ehefrau erzählt, werden Sie jedesmal, wenn er in Ihre Praxis kommt und Sie ihn an der gleichen Stelle an der Schulter berühren, die Erinnerung an die traurige Geschichte auslösen.

Eine ressourcevolle Situation oder Fähigkeit wie Entschlußfreudigkeit, Selbstvertrauen kann man auch ankern, wenn derjenige eine solche Erfahrung noch nie gemacht hat oder sich an eine solche nicht erinnern kann. In so einem Fall bitten Sie Ihren Patienten, eine solche Erfahrung in der Phantasie zu konstruieren oder von einem Vorbild zu übernehmen. Er soll sich eine entsprechende Situation in allen Farben, Geräuschen usw. ausmalen und vorstellen.

Welche Kriterien müssen beim Ankern beachtet werden?

1. Einmaligkeit
2. Timing (Zeitpunkt der höchsten physiologischen Erregung oder kurz davor)
3. Intensität der gemachten Erfahrung
4. Reinheit des Ankers
5. Assoziiertsein der zu ankernden Person mit dem Erlebnis

Methoden des Ankerns

1. Reiz und Reaktion = klassisches Ankern
2. Verschmelzen von Ankern
3. Stapeln von Ankern

Übung zu 1: Bitten Sie Ihren Patienten, sich in einen angenehmen Zustand zu versetzen, in dem der Anker eingerichtet werden soll. Wenn er dann diesen Zustand maximal erlebt, setzen Sie einen bestimmten Reiz, zum Beispiel durch Berührung an der Hand. Zum Beispiel: Der Patient möchte über mehr Selbstvertrauen verfügen. Bitten Sie ihn, sich an eine Zeit zu erinnern, in der er sich in einem Zustand von viel Selbstvertrauen befunden hat. Er soll in seiner Erinnerung diesen Zustand oder diese Situation noch einmal erleben, indem er voll mit dieser Situation assoziiert ist. Sie fragen ihn dann nach dem VAKOG-Prinzip, was er sieht, hören kann, fühlt, schmeckt und riecht. Während er diese Situation besonders großen Selbstvertrauens erlebt, beobachten Sie die Veränderung seiner Physiologie, wie Atmung, Gesichtsausdruck, Körperhaltung, Hautfarbe usw., indem Sie beim Zustand des maximalen Erlebens den Anker setzen, den unverwechselbaren Reiz darbieten, zum Beispiel durch Berühren an der Hand oder Schulter. Wenn Sie beim nächsten Praxisbesuch Ihres Patienten die gleiche Stelle berühren, werden Sie die gleiche ressourcevolle Physiologie wachrufen und in diesem Fall einen Zustand von Selbstvertrauen auslösen. Je intensiver ein Zustand erlebt wird, desto leichter ist er zu ankern, und um so intensiver wird der Anker wirken. Dabei muß der Betreffende vollständig assoziiert sein. Wenn zum Beispiel der eine Teil von ihm etwas anderes denkt als ein anderer, wird der Anker nicht die gewünschte Wirkung zeigen.

Übung zu 2: Beim Verschmelzen von Ankern, collapsing anchors, wird ein unerwünschtes Verhalten und ein ressourcevolles Erlebnis mit verschiedenen Ankern verknüpft. Es werden zwei verschiedene Anker eingerichtet. Durch das gleichzeitige Auslösen beider Anker, zum Beispiel einer an der Schulter und einer an der Hand, wird eine Integration eingeleitet. Ziel dabei ist, einen negativen Anker abzuschwächen bzw. ihn durch das Aktivieren eines positiven Ankers zu „überlagern".
Gehen Sie so vor: Aktivieren Sie zuerst die Ressource durch den Ressourcenanker (1. Schritt), und lösen diesen bitte länger und intensiver aus als den danach zu setzenden zweiten Anker. Danach (2. Schritt) aktivieren Sie die unangenehme Erinnerung (durch den zweiten Anker unterstützt und ausgelöst). Im 3. Schritt testen Sie beide Anker getrennt voneinander. Im 4. Schritt (= Verschmelzen von Ankern) werden beide Anker ausgelöst und gleichzeitig gehalten. Nach J. Kluczny können Sie dabei folgende Formulierung als sprachliche Begleitung wählen: „Nehmen Sie diese ressourcevolle Erfahrung und Kraft (währenddessen ankern Sie) mit in dieses Erlebnis, und Sie werden sehen und erleben, was sich verändern wird und was von dieser Erfahrung (Anker der unangenehmen Erfahrung drücken) am Ende übrigbleibt (Drücken und Halten des Ressource-Ankers)." Durch das längere und intensivere Auslösen des positiven Ankers ist dieser stärker und „überlagert" den negativen Anker. Noch stärker ist die Wirkung des positiven Ankers in der Überlagerung des negativen, wenn er ein „Stapel-Anker" (s. Übung 3) ist. Bei diesem Prozeß kann der negative Anker in seiner weiteren Wirksamkeit entscheidend geschwächt oder sogar gelöscht werden.

Übung zu 3: Beim Stapeln von Ankern (stacking anchors) ankern Sie, durch Berührung an der gleichen Körperstelle, mehrere angenehme Erfahrungen. Sie kombinieren also mehrere ressourcevolle Erfahrungen. Durch die Berührung an der gleichen Stelle (oder zum Beispiel auditiv: Benutzung desselben Wortes; oder zum Beispiel visuell: zeigen desselben Fotos) wird die Intensität und Qualität des Ankers verstärkt und damit die Ressource intensiver gemacht.

Nach diesen Übungen testen Sie das Ankern an Freunden, die Sie vorher, während einer Unterhaltung, wobei die Betroffenen abgelenkt waren, geankert haben. Kommen sie erneut in den gleichen ressourcevollen Zustand? Wenn nicht, dann überprüfen Sie noch einmal, ob Sie alle fünf Kriterien eingehalten haben, und ankern Sie wieder. Wenn der Anker den gewünschten Zustand nicht auslöst, haben Sie eines der fünf Kriterien nicht berücksichtigt. Möglicherweise war der Betreffende nicht assoziiert in diesem Zustand. Vielleicht haben Sie den Anker zur falschen Zeit gesetzt, vor oder nach dem Zeitpunkt des intensivsten Erlebens. Möglicherweise war der Reiz nicht ausgeprägt genug oder nicht an einer neutralen Stelle.

20. Moment of Excellence – Lampenfieber wegzaubern

Eine sehr wichtige Übung für sich selbst und das Ankern bei anderen ist das Ankern des Moment of Excellence. Dieser ist der besondere Augenblick während einer besonders ressourcevollen Situation im Leben, bei der man in einem besonders guten Zustand war, alle Kräfte dieser Welt hatte und spürte, d.h. sich phantastisch fühlte. Es ist sinnvoll, sich über das Ankern diesen Moment jederzeit wachrufen zu können, gerade in Situationen, in denen man gerade nicht gut drauf ist, und in denen man einfach seine Ressourcen sofort zur Verfügung haben möchte, zum Beispiel bei der Gehaltsverhandlung, bei einem unangenehmen Gespräch mit der Ärztekammer, bei einer Auseinandersetzung mit dem geliebten Partner und vieles mehr. Dabei ist es sinnvoll, diesen Moment über einen Selbstanker auslösen zu können.

Übung: Selbstankern

1. Schritt: Ankerstelle aussuchen und auf Neutralität prüfen

Testen Sie, ob Sie eine unauffällige Geste als Anker verwenden könnten. Manche Menschen berühren sich zum Beispiel oft mit der Hand am Kinn oder an der Nase, kratzen sich am Kopf, legen die Hände oder Finger aneinander, krabbeln sich am Ohr, fassen sich an den Hals usw. Sicherlich haben auch Sie solche Gesten, die Sie zum Ankern nutzen können. Testen Sie, ob die Geste oder Berührung irgendeine Assoziation oder irgendein Gefühl auslöst. Nehmen Sie eine Stelle, die sozusagen ankerfrei ist, die neutral reagiert. Falls Sie solche Gesten bei sich selbst nicht entdecken, können Sie auch eine Geste als Anker einrichten, zum Beispiel an die Halskette fassen, am Ring drehen oder die Faust ballen. Am besten sind natürlich Gesten oder Berührungen, die ohne großen Aufwand oder Aufsehen auslösbar sind, die Ihren Gesprächspartnern nicht auffallen. Sie können ebenso einen visuellen Anker wählen, zum Beispiel eine innere Vorstellung, die sie wachrufen, indem Sie zur Decke blicken. Oder Sie können auch einen auditiven Anker wählen, wie zum Beispiel ein Geräusch (Räuspern).

2. Schritt: Eine besondere Ressource-Situation erinnern
Erinnern Sie sich an eine Situation in Ihrem Leben, als Sie besonders „gut drauf" waren, als alles gut lief und Sie im Vollbesitz all Ihrer Kräfte waren.

3. Schritt:
Gehen Sie nun mit Ihrer Vorstellung in diese Situation hinein und erleben Sie diese noch einmal: Was sehen Sie, wie sehen Sie aus, wo befinden Sie sich, welche Stimmen, Geräusche oder Musik können Sie hören, was fühlen Sie, können Sie vielleicht auch etwas schmecken oder riechen?

4. Schritt:
In Ihrer Vorstellung rufen Sie sich nun den entscheidenden, den schönsten Moment in dieser Situation hervor. Genießen Sie ihn, und machen Sie ihn länger, wenn Sie möchten. Im Moment, wo Sie alles am intensivsten erleben, ankern Sie dieses Erlebnis, indem Sie die vorher gewählte Geste ausführen. Machen Sie diese Geste so lange, wie Sie im Zustand des intensiven Erlebens sind. Und hören Sie mit der Geste oder Berührung auf, sobald Sie sich in die gegenwärtige Situation zurückorientieren.

5. Schritt: Unterbrechung
Kommen Sie zurück in Ihre gegenwärtige Situation.

6. Schritt: Anker testen
Testen Sie, was passiert, wenn Sie diese Geste oder Berührung erneut ausführen. Kommen Sie wieder zurück in den Moment of Excellence? Wenn nicht, wiederholen Sie diese Übung und achten Sie darauf, daß Sie eine ankerfreie Stelle berühren oder eine neutrale Geste ausführen. Ferner beachten Sie, daß Sie diese Geste wirklich nur dann ausführen, wenn Sie vollständig assoziiert im Moment of Excellence sind. Wenn Sie das beachtet haben, dann steht Ihnen von nun an ein Anker zur Verfügung, mit dem Sie diesen ressourcevollen Zustand immer wieder, wann immer Sie ihn brauchen, wachrufen können.

Übung: Ankern bei Patienten – Lampenfieber wegzaubern

Die Werkzeugkiste des NLP bietet mehrere Möglichkeiten, zum Beispiel Lampenfieber beim Reden „wegzuzaubern". Eine Möglichkeit kann das Ankern sein. Ein Patient kommt in Ihre Praxis und möchte sein Lampenfieber beim Reden verlieren. Er sagt Ihnen, daß er früher als Kind selbstbewußt gewesen sei, sogar an Theateraufführungen in der Schule teilgenommen und dann mit Antritt seiner ersten Arbeitsstelle, wo er viel Streß ausgesetzt war, auf einmal eine Redehemmung entwickelt habe. Immer wenn er eine Präsentation machen solle, gerate er ins Stocken und werde unsicher. Das Vorgehen über Ankern kann dabei folgendes sein: Sie setzen zuerst selbst einen Anker, und in einem nächsten Durchlauf leiten Sie den Patienten zum Selbstankern (siehe vorherige Übung) an.

1. Schritt: Anker, Berührungsreiz testen

Finden Sie eine neutrale Stelle am Körper, die leicht zugänglich ist, damit Sie sie später für das Selbstankern verwenden können.

2. Schritt: Drei Zustände oder Gefühle finden lassen

Bitten Sie Ihren Patienten, drei Zustände auszuwählen, die er gerne beim Reden zur Verfügung hätte (zum Beispiel Selbstsicherheit, tragende Stimme, Überzeugungskraft).

3. Schritt:

Ankern Sie jeden dieser Zustände an der im 1. Schritt festgelegten Körperstelle.

4. Schritt:

Bitten Sie ihn, sich an eine Zeit in seinem Leben zu erinnern, in der er sehr selbstsicher war. Er soll diese Situation noch einmal in allen Einzelheiten erleben (VAKOG-System).

5. Schritt:

Auf dem Höhepunkt der Erfahrung setzen Sie den Anker.

6. Schritt:

Das gleiche tun Sie mit den beiden anderen Zuständen, indem Sie wie beim ersten Mal vorgehen und den Anker an der gleichen Stelle setzen.

7. Schritt:
Unterbrechen Sie nun die Reaktion, indem Sie ihn bitten, wieder in die Gegenwart zurückzukommen.

8. Schritt:
Bitten Sie ihn nun, an eine Rede oder Präsentation zu denken, und aktivieren Sie den Anker. Er müßte jetzt fähig sein, ohne Lampenfieber eine Rede halten zu können.

Ich habe diese Methode oft in meiner Praxis mit Patienten durchgeführt, und fast immer war sie erfolgreich. In schwierigen Fällen gibt es andere Möglichkeiten aus der Werkzeugkiste des NLP. Das Ankern hat deshalb eine solche Macht, weil es Ihr Nervensystem innerhalb eines einzigen Augenblicks mobilisiert und Sie mit seiner Hilfe innerhalb eines einzigen Augenblicks Ihre stärksten Ressourcen aktivieren können.

Welches sind Anker in Ihrer Praxis? – Erleichtern Sie sich Ihren Arbeitsalltag

Viele Menschen holen sich über Anker Ressourcen, bewußt und unbewußt, im beruflichen wie im privaten Bereich. Ich hatte in meiner Praxis immer ein Foto von meiner Tochter Sarah und von meinem Mann auf dem Schreibtisch stehen. Auch in meinem Seminarzentrum in Mexiko habe ich ein Foto von Sarah mit strahlendem Lachen an der Wand hängen. Damit habe ich immer etwas zur Verfügung, um mir positive Gefühlsreaktionen zu holen. Auch bestimmte Arten von Musik wirken bei mir als positive Anker, so daß ich mir innerhalb eines Augenblicks meine Ressourcen wachrufen kann. Anker sind wichtig für uns. Oft machen wir uns nicht klar, warum wir uns an einem Ort sehr wohl fühlen und an einem anderen eher schlecht. Wir nehmen oft nicht wahr, welche Umgebungseinflüsse auf uns wirken. Sehen Sie sich an Ihrem Arbeitsplatz um. Welche Dinge könnten Sie in eine gute Arbeitsstimmung bringen? Nach Josef Weiß ist es sinnvoll, seinen Arbeitsplatz wie auch seinen Privatbereich nach positiven und negativen Ankern zu untersuchen, denn schließlich ist es wichtig, in unserer Umgebung positiv verankert zu sein.

Arbeitsplatz-Analyse im Hinblick auf positive und negative Anker *(nach Josef Weiß)*

Schritt 1:
Sehen Sie sich an Ihrem Arbeitsplatz in Ruhe um. Welche Dinge in Ihren Räumen bringen Sie in eine gute Arbeitsstimmung (womöglich sogar in einen Moment of Excellence), und was löst eine negative Stimmung aus?

Schritt 2:
Prüfen Sie Ihre Umgebung mit allen fünf Sinnesorganen: Was gibt es zu sehen? Hören Sie die üblichen Geräusche, Töne und Melodien, spüren Sie, wie Sie auf Ihrem Stuhl sitzen, ob er bequem ist oder unbequem, und riechen und schmecken Sie, was immer es zu riechen und zu schmecken gibt.

Schritt 3:
Nun prüfen Sie, ob es etwas gibt, was in Ihnen ein noch ressourcevolleres und besseres Gefühl auslöst, wenn Sie es sehen, hören, fühlen, schmecken, riechen. Wenn Sie so etwas entdeckt haben, haben Sie einen positiven Anker entdeckt.

Schritt 4:
Wenn Sie etwas entdeckt haben, was bei Ihnen eine unangenehme Reaktion auslöst, haben Sie einen negativen Anker entdeckt. Diesen sollten Sie, wenn möglich, entfernen (bzw., wenn der Gegenstand als solcher nicht negativ ist, umprogrammieren).

Versuchen Sie auch, diesen Prozeß mit Ihrem Personal zu realisieren. Denn positive Anker wirken unbewußt motivierend! Fragen Sie, was Ihre Helferinnen in ihrem Arbeitsbereich gern ändern möchten, erlauben Sie Fotos, vielleicht leise Musik usw., damit sie sich wohler fühlen. Auch Ihre Patienten haben ihre positiven und negativen Anker in Ihrer Praxis. Als ich einmal aus meinen alten Praxisräumen umziehen mußte, schauten die Patienten, als sie zum erstenmal die neuen Praxisräume betraten, nach bestimmten, für sie wichtigen Dingen. Erst als sie den zwei Meter hohen Gummibaum in meinem Sprechzimmer sahen oder das kleine Glücksschweinchen an der Anmeldung oder bestimmte Bilder an der Wand, waren sie beruhigt und sagten, sie seien in ihrer altgewohnten

Praxis und fühlten sich in meinen neuen Räumen ebenso wohl. Sie sagten es irgendwie erleichtert. Denn jeder hatte spezielle Dinge, die ihn nach jahrelanger Treue mit meiner Praxis verbanden.

21. Etwas neu einrahmen: Reframing

Mit dem Prozeß des Reframings haben Sie eine der wirkungsvollsten Möglichkeiten, negative Erfahrungen in positive umzuwandeln. Darüber hinaus ist es eine wesentliche Voraussetzung, um mit uns selbst und unseren Mitmenschen effektiver zu kommunizieren. Auf der persönlichen Ebene bestimmt es, welche Bedeutung wir irgendwelchen Ereignissen geben. Auf der allgemeinen Ebene ist Reframing eine der wirkungsvollsten Kommunikationsmethoden überhaupt. Die wörtliche Übersetzung des Wortes Reframing ist „einen anderen Rahmen um etwas legen“. Wer den Rahmen einer Situation vorgibt, wird auch den bestimmenden Einfluß haben. Die Werbung geht besonders effektiv mit diesem

Umdeuten durch Um-Rahmen um. Die mittlerweile verbotenen Zigarettenwerbespots deuteten das gesundheitsschädliche Rauchen in Freiheit, Unabhängigkeit, Genießen um.

In meinem Bekanntenkreis verkaufte jemand seine Arztpraxis zu einem total überhöhten Preis. Er konnte die Praxis tatsächlich verkaufen, weil er dem Käufer klarmachte, daß die Praxis, wenn sie erst in einem Jahr verkauft werden würde, durch die Zunahme der Anzahl der Patienten viel teurer werden würde. Jemanden zu überzeugen heißt, seine Wahrnehmung zu verändern, ihr einen anderen Rahmen zu geben. Mit der Kenntnis des Reframens lernen Sie, flexibel zu reagieren. Erfolgreiche Menschen reagieren in unterschiedlichen Situationen unterschiedlich. Selbst Kommunikationsprozesse mit derselben Person benötigen je nach gewünschtem Ergebnis, Situation, Umgebung und Inhalt einen unterschiedlichen Zugang. Flexibilität im Kommunizieren erfordert die Kenntnis vieler unterschiedlicher Verhaltensmuster sowie wirkungsvolle Verwendung von Sprachmustern, Vielfalt in der Wortwahl und flexible Körpersprache. Wir verändern unsere Erfahrungen und Vorstellungen je nach dem Kontext, in dem sie auftreten.

Stellen Sie sich vor, Sie fahren in einem fast leeren Bus, und beim Aussteigen tritt Ihnen jemand auf den Fuß ohne sich zu entschuldigen. Diese Vorstellung hat mit Sicherheit eine unterschiedliche Bedeutung, je nachdem, ob der Bus vollbesetzt ist oder nicht. Oder wenn Sie nach der Bedeutung von Schritten auf einer belebten Straße gefragt werden, dann werden Sie vermutlich sagen, daß diese keine Bedeutung für Sie haben. Wenn Sie jedoch nachts allein in Ihrem Haus sind und plötzlich unerwartet Schritte hören, die womöglich näher kommen ... dann haben diese Schritte eine Bedeutung für Sie. Der gleiche Reiz hat je nach Kontext eine unterschiedliche Bedeutung. Die jeweilige Bedeutung ist davon abhängig, welche Bedeutung diese Reize in ähnlichen Situationen in vergangener Zeit bereits gehabt haben oder in der Zukunft haben könnten. Ihre erlebte oder konstruierte Erfahrung schafft also den Kontext für einen bestimmten Sinnesreiz und bestimmt, wie Sie reagieren. Ihre Erfahrung bestimmt, wie Sie diesen Reiz einschätzen – bei den Schritten: als gefährlich, weil Sie vielleicht einen Einbruch befürchten, oder als freudig erregt, weil Sie wissen, Ihr Partner, auf den Sie den ganzen Abend gewartet haben, kommt von der Arbeit endlich nach Hause. Die Bedeutung, die eine Erfahrung für uns hat, ist abhängig von dem Rahmen, in den wir sie stellen. Verändern Sie nun diesen Rahmen, dann verändern Sie ebenfalls die Bedeutung. Eine wirksame Methode zur persönlichen Veränderung besteht darin, zu lernen, jede Erfahrung, also ganz besonders erst einmal die als negativ erlebte Erfahrung, in einen nützlichen Rahmen zu stellen.

Was wir in einer bestimmten Situation fühlen oder tun, hängt einzig und allein von unserer Wahrnehmung dieser Situation ab. Ein Sinnesreiz erhält erst durch einen bestimmten Rahmen eine bestimmte Bedeutung. Zum Beispiel wird es für einen Patienten, bei dem Sie eine Zuckerkrankheit festgestellt haben, ein Unglück sein, von nun an Tabletten oder vielleicht sogar Insulinspritzen nehmen zu müssen. Für die Pharma-Firma bedeutet es ein Glück, wieder einen „Kunden" mehr zu haben, der ihre Medikamente braucht und kauft.

Anthony Robbins berichtet davon, daß der Besitzer einer Sägemühle zeitweilig große Schwierigkeiten hatte, die großen Mengen an Sägemehl, die als Abfallprodukt anfielen, wegzuschaffen. Da tauchte ein junger Unternehmer auf, der beschloß, das Sägemehl nicht als Abfallprodukt zu sehen, sondern es in einem anderen Kontext zu gebrauchen. Er preßte es mit Leim und erhielt so die vielseitig verwendbaren Preßspanplatten. Er schloß gute Verträge ab, in denen er sich verpflichtete, das „wertlose" Sägemehl der Sägemühle abzuholen. Und nach zwei Jahren besaß er ein mehrere Millionen Dollar schweres Unternehmen, welches seinen wichtigsten Rohstoff kostenlos von den Sägemühlen erhielt. Er hatte einfach nur die Methode des Reframens angewendet.

Der Wechsel unserer Vorstellungen und Beurteilungen kommt zum einen durch den Faktor Zeit zustande, häufiger aber noch durch die Veränderungen im Kontext eines Erlebnisses. Sobald Sie den Bezugsrahmen wechseln, verändern Sie auch die Bedeutung. Sobald Sie die Bedeutung verändern, verändern sich Ihre Reaktionen, Ihre Gefühle und Ihr ganzes Verhalten. Wir haben die Möglichkeit, die schwierigsten Probleme als unsere günstigsten Gelegenheiten zu betrachten. Wir müssen sie nur in einen anderen Rahmen stellen. Die Methoden des Reframings, des Umdeutens von Verhaltensweisen und Situationen, gehören zu den grundlegenden Konzepten des Neurolinguistischen Programmierens. Sie stellen äußerst wirkungsvolle Hilfsmittel zur Veränderung von einengenden und behindernden Verhaltensmustern, Denkmustern und Gefühlsreaktionen dar. Beim Reframing wird der Bezugsrahmen (Kontext) und/oder der Bedeutungsrahmen (Bedeutung) eines Verhaltens, einer Situation oder Einstellung verändert. Beim Reframing will man herausfinden, wie ein erwünschtes Ergebnis (Ziel) auf andere Art und Weise noch wirkungsvoller erreicht werden kann. Es ist ein Prozeß, mit Hilfe dessen neue Wahlmöglichkeiten erschaffen werden können in Situationen, in denen es auf den ersten Blick keine Alternativen gibt. Dabei werden unangenehme Erfahrungen wie Störungen, Ablehnungen, Probleme, Konflikte und Einwände zu positiven Erfahrungen umgedeutet.

Eine der Grundannahmen im NLP ist, daß jedes Verhalten, jede Kommunikation, jedes Problem in irgendeiner Hinsicht und in irgendeinem Kontext nützlich und von Bedeutung ist. Verhaltensweisen können jedoch andauern, auch wenn sie für eine momentane Situation keine nützliche Funktion mehr besitzen. In diesem Falle geht es darum, herauszufinden, was sonst noch verändert werden muß, damit die Person eine bestimmte Verhaltensweise entweder zusätzlich einsetzt und nutzt oder aber ablegt, um ein gewünschtes Ergebnis zu erreichen. Die Entwicklung alternativer Konfliktlösungen geschieht leichter, wenn auch die Sprache verändert wird, so daß die Beschreibung eines Problems in einer Weise umformuliert wird, daß Zugang zu ungenutzten Ressourcen möglich wird.

Es gibt zwei Arten von Reframing: das Kontextreframing und das Bedeutungsreframing.

Kontextreframing

Wie schon erwähnt, besagt eine der Grundannahmen im NLP, daß fast jedes Verhalten in einem bestimmten Kontext nützlich und angemessen ist. Beim Kontextreframing werden unerwünschte Verhaltensweisen ausgemacht und in einem anderen Kontext so dargestellt, daß diese als nützlich und vorteilhaft erscheinen.

Zum Beispiel ist der befehlende Ton des Ehemannes gegenüber seiner Frau im Rahmen einer glücklichen Ehe sehr ungünstig, während sein Befehlston in seiner Tätigkeit als Sporttrainer durchaus angebracht sein kann.

Kontextreframing kann besonders effektiv und nutzbringend eingesetzt werden bei negativen Beurteilungen, wie zum Beispiel:

1. Ich erkläre den Patienten die Befunde zu schnell.
2. Ich wünschte, ich wäre nicht so aufgeregt im Umgang mit meinen Mitarbeitern.
3. Ich gehe nur zu Ärzten in Behandlung, die gerade ihre Praxis neu eröffnet haben.
4. Ich bin zu dick.
5. Ich habe zu viel Angst beim Autofahren.

Die Fragen beim Reframing wären zum Beispiel:

➤ In welchem Zusammenhang wäre dieses Verhalten denn nützlich?
➤ Wo ist dieses Verhalten nützlich?
➤ Wann ist dieses Verhalten nützlich?

- Mit wem ist dieses Verhalten nützlich?
- In welchem Kontext kann dieses Verhalten eine Ressource sein?

1. Ich habe dadurch mehr Zeit, mich mit den persönlichen Problemen des Patienten zu beschäftigen.
2. Aufgeregt zu sein wäre vielleicht in einem Kontext freudiger Erwartung angemessen.
3. Ein noch nicht so bekannter Arzt nimmt sich vielleicht mehr Zeit.
4. Das reichliche Essen tröstet mich in meiner Einsamkeit.
5. Ich fahre sehr vorsichtig im Straßenverkehr.

Einwänden kann man sehr wirkungsvoll mit Kontextreframing begegnen. Wenn Ihnen der Patient zum Beispiel sagt: „Die Therapie ist viel zu teuer", könnten Sie darauf antworten: „Ja, da haben Sie vollkommen recht. Früher konnten Sie für dieses Geld gleich zwei Behandlungsserien erhalten. Die Zeiten haben sich sehr geändert. Nicht nur die Preise haben sich geändert, sondern gutes Personal, wie ich es in meiner Praxis habe, bekommt heutzutage auch ein höheres Gehalt."

Übung *(nach Alexa Mohl)*

Diese Übung machen Sie (A) am besten mit einem Freund/Partner (B). Formulieren Sie eine Aussage in der Form: „Ich bin zu ..."
Ihr Freund/ Partner (B) sollte nun so vorgehen:

1. Ausbildung einer inneren Repräsentation des Problems
Sie machen sich ein Bild vom Inhalt der Klage, hören Sie in sich hinein und fühlen ihr nach.

2. Reflexion
In welchem Kontext hätte dieses spezielle Verhalten, über das sich A beklagt, einen Wert? In welchem Kontext ist dieses Verhalten sogar hervorragend?

3. Auswahl der Darbietungsform
Denken Sie über alternative Darbietungsformen des Reframes nach und wählen eine aus, von der Sie denken, daß sie die maximale Reaktion bringt. Pacing und Leading sind dabei besonders wichtig.

4. Durchführung

Bitten Sie A, die Klage zu wiederholen. Bieten Sie darauf Ihren Reframe an. Beobachten Sie die nonverbalen Veränderungen bei A.

Versuchen Sie, die folgenden Aussagen zu reframen:

- Meine Mitarbeiterin arbeitet zu langsam.
- In diesem Jahr mußte ich viel mehr Steuern zahlen als letztes Jahr.
- Ich habe dieses Jahr nach einer Zeit mit viel Streß mit einem Nervenzusammenbruch im Krankenhaus gelegen.
- Meine Mitarbeiter kritisieren mich ständig.
- Ich habe dieses Jahr kein Geld, neue Geräte für die Praxis anzuschaffen.
- Ich arbeite zu langsam.

Bedeutungsreframing

Kein Verhalten bedeutet für sich betrachtet etwas. Erst die Bedeutung, die man ihm zuschreibt, macht es zu einem erwünschten oder unerwünschten Verhalten. Manchmal wird ein bestimmter Inhalt eines Ereignisses von einer Person als so wichtig betrachtet, daß sie die ganze Aufmerksamkeit beansprucht und als einzige Deutung wahrgenommen wird. In einer solchen Situation würde die eine Person ein bestimmtes Verhalten als vorteilhaft, nützlich ansehen, eine andere Person eher als schlecht und unsinnig. Es ist von der individuellen, persönlichen Betrachtungsweise des einzelnen abhängig. Das Bedeutungsreframing besagt, daß Situationen nicht gute oder schlechte Bedeutungen haben, sondern die Bedeutung von etwas ist abhängig von der Einstellung desjenigen dazu. So kann ein nicht aufgeräumtes Wartezimmer, in dem die Zeitschriften wild durcheinander liegen, zum einen bedeuten, daß Ihre Mitarbeiter zu bequem waren, um aufzuräumen. Es kann aber auch bedeuten, daß sie so konzentriert bei der Arbeit mit den Patienten waren und daß sie so viele Patienten mit versorgt haben, daß sie keine Zeit hatten, das Wartezimmer aufzuräumen. Wenn es draußen regnet, können Sie zum einen sagen, wie schlecht es ist, daß Sie keinen Spaziergang machen können. Sie können dem verregneten Tag aber auch die Bedeutung geben, daß Sie endlich Zeit haben, sich einmal um die Dinge im Haus zu kümmern, die in letzter Zeit nicht erledigt worden sind.

Sicher kennen Sie die Fabel von dem Fuchs und den Weintrauben. Der Fuchs kam an einem Weinstock vorbei und sah die köstlichen Weintrauben. Er wollte sie haben, konnte sie aber nicht erreichen, da sie viel zu hoch für ihn hingen. Um nun nicht unzufrieden als Verlierer dazustehen, deutete er diese Situation einfach um, indem er sagte: „Ich will sie gar nicht haben, die Weintrauben, die sind ja doch viel zu sauer." Das ist Umdeuten. Wäre er mit der Situation in der Weise umgegangen, daß er sich geärgert hätte, hätte er weitere Nachteile gehabt: Andere hätten über ihn gelacht, weil er nicht hoch genug springen könne, und er selbst hätte sich in einen schlechten Zustand gebracht, weil er unzufrieden gewesen wäre. So zog er zufrieden von dannen. Oder das bekannte Beispiel vom halbvollen und halbleeren Glas. Der Optimist sieht natürlich ein noch halbvolles Glas, während ein Pessimist nur ein bereits halbleeres Glas sehen kann.

Das Bedeutungsreframing kann hilfreich in Situationen angewendet werden, in denen eine Person ein unangenehmes Gefühl oder Verhalten einer bestimmten Situation zuordnet. Unter anderem ist die Anwendung bei Phobien möglich.

Beispiel:

1. Er wird nervös, wenn er an die Präsentation denkt.
2. Er reagiert panisch, wenn er Wespen sieht.
3. Er reagiert ärgerlich, weil seine Frau so viel redet.
4. Er spielt wenig mit seinen Freunden und ist eigenbrötlerisch.
5. Der Ehemann hat seiner Frau ihr Lieblingsessen gekocht. Sie sagt während des Essens kein Wort – das ärgert ihn.

Mögliche Fragen beim Bedeutungsreframing sind:

➤ Welches andere Gefühl könnte der Situation am ehesten angemessen sein?
➤ Welche Bedeutung könnte diese Situation noch haben?
➤ Wie könnte man den Zusammenhang noch anders beschreiben?

1. Er wird sich besser darauf vorbereiten.
2. Er sieht sich besonders vor, wenn Wespen in seiner Nähe sind.
3. Seine Frau ist sicher sehr klug, weil sie so viel zu sagen hat.
4. Er nimmt sich Zeit, sich mit anderen Dingen zu beschäftigen, die ihn in seiner Karriere weiterbringen.
5. Er kann in dem Schweigen auch bemerken, daß es ihr besonders gut schmeckt und sie den Genuß des Essens nicht mit Reden verderben möchte.

Übung *(nach Alexa Mohl)*

Sie (A) sollten diese Übung zusammen mit einem Partner (B) durchführen. Als A formulieren Sie die Klage in der Form: „Ich fühle mich unglücklich, wenn X passiert." Vorgehensweise für B:

1. Ausbildung einer inneren Repräsentation der Klage

Sie machen sich ein Bild vom Inhalt der Klage, hören Sie in sich hinein und fühlen ihr nach.

2. Reflexion

Sie fragen sich: Gibt es einen größeren oder einen anderen Rahmen, in dem dieses Verhalten einen positiven Wert hätte?

Welcher andere Aspekt dieser gleichen Situation könnte einen anderen Bedeutungsrahmen liefern, der der betreffenden Person verborgen ist?

Wie sonst könnten Sie genau die gleiche Situation beschreiben?

3. Auswahl der Darbietungsform

Denken Sie über alternative Darbietungsformen des Reframes nach und wählen Sie eine aus, von der Sie denken, daß sie die maximale Reaktion bringt. Pacing und Leading sind dabei besonders wichtig.

4. Durchführung

Bitten Sie A, die Klage zu wiederholen. Bieten Sie daraufhin Ihren Reframe an. Beobachten Sie die nonverbalen Veränderungen bei A.

Vielen Menschen fällt es leichter, Reframing in der Kommunikation mit anderen zu nutzen, als es bei sich selbst anzuwenden. Wir erleben eine Situation oder ein Verhalten, machen eine innere Repräsentation davon und meinen, daß wir damit wohl oder übel leben müßten. Besser ist es, seine Erfahrungen in einen Rahmen zu stellen, der die eigenen Ziele unterstützt. Stellen Sie sich vor, ein Patient, mit dem Sie sich besonders viel Mühe gegeben haben und der Sie besonders viel Ihrer wertvollen Zeit gekostet hat, verläßt die Praxis und sagt, er wolle den Arzt wechseln. Sie können natürlich ärgerlich reagieren. Sie können jedoch auch sagen, daß Sie Gott sei Dank diesen komplizierten, nörglerischen Patienten nicht mehr sehen müssen, der ja doch nur den ganzen Praxisbetrieb aufgehalten hat für nichts und wieder nichts. Sie können auch sehen, daß Sie viele neue Erfahrungen mit diesem Patienten machen durften. Es gibt immer mehrere Möglichkeiten, eine Situation wahrzunehmen. Versuchen Sie in Zukunft, immer die für Sie angenehmste Seite zu sehen, indem Sie versuchen, den passenden Rahmen zu finden. Es ist immer möglich, einen positiven oder einen negativen Rahmen zu bilden. Wenn Sie eine Erfahrung oder Verhaltensweise in einen Rahmen gebracht haben, der Ihnen nicht hilft, dann ändern Sie einfach den Rahmen. Wir haben manchmal Verhaltensweisen, die nicht mit unseren Vorstellungen, wie wir zu sein uns wünschen, übereinstimmen.

22. Reizt Sie die Aufgabe eines Filmregisseurs? Assoziation – Dissoziation

Sicherlich sehen Sie sich von Zeit zu Zeit gern einen Film an. Das fertige Produkt Film bereitet Ihnen Spaß, eine Freude der passiven Art. In Ihrer Praxis oder als Arzt im Krankenhaus ist es unter anderem Ihre Aufgabe, Dinge zu koordinieren, zu lenken, zu leiten, etwas zu bewegen. Besonders als Chef in Ihrer eigenen Praxis wollen Sie die Geschicke der Patienten in die Hand nehmen und leiten. Sie treffen Entscheidungen und führen sozusagen aktiv Regie über die Gestaltung Ihrer Therapien. Vielleicht haben Sie aber auch schon einmal daran gedacht, wie reizvoll die Aufgabe eines Filmregisseurs ist. Er bestimmt, wie der Film auszusehen hat, er produziert beim Publikum Gefühle und Reaktionen, in dem er gezielt Submodalitäten einsetzt. Je nachdem aus welchem Blickwinkel man eine Szene sieht, kann diese bedrohlich oder angenehm wirken. Je nach Schärfe – Unschärfe, Helligkeit – Dunkelheit, je nach Lautstärke, Rhythmus, Tempo der Geräusche werden bestimmte Gefühlsreaktionen ausgelöst. Denken Sie an den Film „Der weiße Hai“. Wie ist Ihr Gefühl, wenn diese rhythmischen Geräusche kommen. Wie verändert sich Ihr Zustand?

Eine sehr wirkungsvolle Methode, Zustände bei sich und anderen zu verändern, ist die Nutzung der Dissoziation. In dem Kapitel über Submodalitäten haben Sie gelernt, daß Sie sich in Ihrer inneren Vorstellung in verschiedene Positionen begeben können. Sie können eine Situation assoziiert oder dissoziiert erleben. Das Ziel, eine Situation dissoziiert zu erleben, ist, eine Veränderung von Gefühlsreaktionen zum Beispiel in Problemsituationen zu bewirken. So wird diese Technik zum Beispiel bei Phobien eingesetzt sowie bei anderen Ängsten, bei Lampenfieber, Allergien und bei der Schmerzkontrolle.

Wenn Sie ein Erlebnis erinnern, können Sie dieses entweder assoziiert oder dissoziiert erleben. *Assoziiert* mit einem Erlebnis sind Sie, wenn Sie in der erinnerten Situation gleichsam voll präsent sind. Sind Sie assoziiert, erleben Sie alles in einem intensiven Zustand, Sie sind „ganz dabei", verspüren intensive Gefühle, sind mit allen Sinnen dabei. Sie können in der Vergangenheit, Gegenwart oder Zukunft assoziiert sein. Sind Sie in einer erinnerten Situation assoziiert, erleben Sie alles so, als ob Sie mit Ihren eigenen Augen die Situation sehen würden (visuell assoziiert) oder mit Ihren eigenen Ohren das hören würden, was an Klängen, Geräuschen und Stimmen tatsächlich zu hören war (auditiv assoziiert), und als ob Sie Ihre damaligen Gefühle so spüren würden, als ob dieses Geschehen jetzt stattfinden würde (kinästhetisch ist immer assoziiert).

Wenn Sie *dissoziiert* sind, dann betrachten Sie sich selbst von einer anderen Position aus. Das heißt, Sie haben einen innerlichen Abstand zu der Situation. Sie fühlen sich nicht dazugehörig und schauen sich gleichsam von außen zu. Sie sehen sich selbst, was Sie in der erinnerten Situation damals getan haben oder was Ihnen damals passiert ist, Sie hören dabei von außen, was es zu hören gab. Im dissoziierten Zustand sind Sie Beobachter von sich selbst und können sich entweder in einem Bild sehen oder in einem Film. Sie sind Beobachter von außen, während Sie ein vergangenes Erlebnis erinnern.

Eine Person, die z.B. Redeangst hat, zeigt im dissoziierten Zustand nicht dieselbe intensive Angstreaktion, unter der sie leidet, wenn sie assoziiert ist. Die Person im dissoziierten Zustand kann Ressourcen entwickeln, die ihr im assoziierten Zustand fehlen.

Dissoziierte Erinnerungen sind von weniger intensiven oder gar keinen Gefühlen begleitet. Daher ist es bei der Veränderung von unangenehmen Gefühlsreaktionen sinnvoll, erst einmal im dissoziierten Zustand zu arbeiten.

Kurz-Übung zur Assoziation

Nehmen Sie eine Zitrone. Fühlen Sie ihre Schale in der Hand, schneiden Sie sie auf und schauen Sie, wie der Saft herausfließt. Jetzt nehmen Sie die Zitrone an Ihre Lippen und lecken Sie den Saft. Sie spüren, wie sich Ihre Lippen zusammenziehen, sobald die Säure auf Ihre Geschmacksknospen trifft. Spülen Sie danach Ihren Mund aus.

Nun schließen Sie die Augen und erinnern Sie sich an das Ereignis. Schneiden Sie die Zitrone in Gedanken auf, sehen Sie den Saft herausfließen und schmecken Sie den Saft, indem Sie die Zitrone an die Lippen bringen. Wenn Sie bei diesem Ereignis assoziiert sind, werden Sie bemerken, daß sich Ihre Lippen zusammenziehen.

Welche Erfahrung ist nun real? Für unseren Körper sind beide wirklich, weil sowohl die tatsächliche als auch die vorgestellte Erfahrung die gleiche Reaktion hervorgerufen haben. Der einzige Unterschied ist der, daß das tatsächliche Ereignis physische Realität genannt wird, und das vorgestellte Ereignis nichtphysische Realität. Beide Realitäten haben aber gleichermaßen Wirksamkeit. Sie können in beliebiger Folge und zu jeder Zeit vom Gehirn gespeichert und genutzt werden, je nachdem wie unser Gehirn sie auswählt.

Daher haben Erfahrungen aus beiden Realitäten physiologische Wirkungen auf unseren Körper. Das bedeutet, daß Ressourcen, die in einer Realität enthalten oder nachweisbar sind, in die andere Wirklichkeit übertragen werden können.

Kurz-Übung zur Dissoziation

Denken Sie an irgendeine peinliche Situation in Ihrer Schulzeit. Sie hören sich aus der von Ihnen gewählten Entfernung reden und hören, was andere zu Ihnen sagen, was es für Geräusche usw. gab.

Und was am wichtigsten ist: Sie können andere Gefühle zu der peinlichen Situation entwickeln. In der kritischen Phase der Erinnerung sehen Sie sich, wie Sie sich gerade lächerlich machen. Jedoch aus der anderen Perspektive, aus der Dissoziation heraus, werden Sie möglicherweise viel weniger Verlegenheit empfinden. Sie sind einfach nicht mehr so sehr an dieser Erfahrung beteiligt.

Sie sehen zwar, daß Sie etwas Peinliches tun, es berührt Sie aber nicht. Es ist, als ob alles mit anderen Personen stattfinden würde.
So können wir uns von unseren Handlungen und Verhaltensweisen dissoziieren, um sie objektiv anzuschauen. Die Dissoziation von einer unerwünschten Verhaltensweise oder Gefühlsreaktion macht es uns möglich, diese objektiv zu sehen und neu bewerten zu können, d.h. aus ihr eine Lehre ziehen zu können.
Dissoziation können Sie wirkungsvoll in Ihrer Praxis einsetzen, wenn Sie zum Beispiel einen Patienten haben, bei dem Sie Blut abnehmen wollen und dem schlecht wird, sobald er eine Injektionsnadel sieht. Bitten Sie ihn einfach, er solle sich vorstellen, er schwebe an die Zimmerdecke und kann dem ganzen Geschehen von dort oben, von einem sicheren Standpunkt aus, zusehen.
Auch was Ihr eigenes subjektives Erleben angeht, können Sie gleichsam wie ein Filmregisseur arbeiten und nach der Liste der Submodalitäten die unangenehme Gefühlsreaktion in der Weise verändern und umgestalten, daß Sie am Ende des Prozesses eine für Sie angenehme Reaktion auf ein Ereignis erhalten. Sie können zum Beispiel den Blickwinkel verändern, können das Bild näher heranholen oder weiter wegrücken, können sich selbst größer oder kleiner machen, können das Bild und sich selbst schärfer oder verschwommener machen. Auch die Geräusche können Sie anhand der Submodalitäten ändern sowie die Gefühle dazu. Sie können auf diese Weise Ihre Wunschreaktion nach Ihren Bedürfnissen und Vorstellungen selbst gestalten.
Die folgenden Übungen können Ihnen diesen Vorgang, wie Sie als Ihr eigener Filmregisseur Ihre Gefühle verändern können, verdeutlichen.

Übung „So ist es angenehm“

Setzen Sie sich bequem hin und schließen Sie die Augen. (Sie müssen nicht notwendigerweise die Augen schließen, jedoch erleichtert es die Übung.) Nun erinnern Sie sich an ein angenehmes Erlebnis, welches Sie in letzter Zeit hatten. Gehen Sie in Gedanken zurück in dieses Erlebnis und stellen Sie sich vor, Sie wären gerade mittendrin in dieser Situation. Erleben Sie das Bild.
Was sehen Sie? Gehen Sie dabei alle Submodalitäten durch: Wie hell ist das Bild, wie sind die Farben? Was hören Sie? Gehen Sie dabei alle Submodalitäten aus dem auditiven Bereich durch. Hören Sie erneut, was Sie damals gehört

haben. Waren es Stimmen, waren es Geräusche, waren es Klänge? Und wie waren sie: laut – leise, regelmäßig – unregelmäßig, betonte Wörter – unbetonte Wörter usw. Und dann fühlen Sie, was Sie gefühlt haben. Gehen Sie wieder die entsprechenden Submodalitäten durch. Erleben Sie alles noch einmal, so wie es wirklich war.
Als nächstes treten Sie aus Ihrem Körper heraus. Stellen Sie sich einmal vor, Sie würden das ganze Erlebnis aus einer anderen Perspektive betrachten. Als Hilfe können Sie es sich wie in einem Kinosessel ganz bequem machen. Betrachten Sie nun von dieser Position aus, wie Sie das Ereignis erleben. Fühlen Sie, wie Sie sich von dem Ereignis entfernen, wie Sie sich wie in einem Film sehen.

Welche Position hat stärkere Gefühle ausgelöst? Das Bild, wie Sie mittendrin waren und alles noch einmal erlebt haben, oder der Film, bei dem Sie sich selbst gleichsam aus der Zuschauerperspektive erlebt und gesehen haben?
Das, was Sie bei dieser Übung erlebt haben, macht den Unterschied zwischen assoziiertem und dissoziiertem Erleben aus. Durch die Unterscheidungen in den Submodalitäten verändert sich Ihr Erleben.
Nun möchte ich Sie zu einem zweiten Spiel mit sich selbst bitten, bei dem Sie sich eine angenehme Erfahrung noch angenehmer gestalten können.

Übung „Ich will noch viel mehr davon"

Setzen Sie sich wieder bequem hin und schließen Sie die Augen. Nun erinnern Sie sich an ein sehr angenehmes Erlebnis, welches Sie in letzter Zeit hatten. Es

kann auch schon vor längerer Zeit gewesen sein. Gehen Sie in Gedanken zurück in dieses Erlebnis und stellen Sie sich vor, Sie wären gerade mittendrin in dieser Situation. Erleben Sie das Bild. Nun machen Sie das Bild in Gedanken bitte heller und noch etwas heller. Dann holen Sie das Bild näher heran, machen Sie es so groß wie möglich, packen Sie auch noch mehr Farbe hinein, malen Sie es sich in den intensivsten Farben aus. Bemerken Sie, wie sich Ihr Zustand verändert in dem Moment, wo Sie an den Submodalitäten etwas verändern. Der nächste Schritt: Verändern Sie die Submodalitäten im auditiven Bereich. Lassen Sie die Geräusche, Stimmen und Klänge lauter werden, verleihen Sie ihnen je nach Ihrem Geschmack mehr Rhythmus oder mehr Weichheit, verändern Sie das Tempo, den Ort, woher die Geräusche kommen, usw. Ebenso verfahren Sie mit den Submodalitäten des kinästhetischen Bereichs. Durch das Verändern der Submodalitäten schaffen Sie eine noch stärkere und angenehmere Repräsentation des Erlebnisses. Das Erlebnis wird für Sie noch schöner, intensiver und angenehmer. Es bringt Sie in einen ressourcevollen Zustand.
Prüfen Sie nun, was Sie erleben, wenn Sie diese Übung mit einem unangenehmen Gefühl „durchspielen".

Übung „Ist ja gar nicht so schlimm" in zwei Schritten

Schritt 1:
Setzen Sie sich wieder bequem hin und schließen Sie die Augen. Nun erinnern Sie sich an ein sehr unangenehmes Erlebnis, welches Sie in letzter oder vor längerer Zeit hatten. Gehen Sie in Gedanken zurück in dieses Erlebnis und stellen Sie sich vor, Sie wären gerade mittendrin in dieser Situation. Erleben Sie das Bild. Nun machen Sie das Bild in Gedanken bitte heller und noch etwas heller. Dann holen Sie das Bild näher heran und machen Sie es größer. Wie erleben Sie diesen Zustand? Sicherlich nicht als angenehm, denn er verstärkt das unangenehme Erlebnis noch.
Daher schieben Sie dieses Bild jetzt noch einmal zurück an seinen Platz. Nun machen Sie anhand der Submodalitätenliste das Bild etwas dunkler. Nehmen Sie die Farben heraus und machen ein Schwarzweiß-Bild daraus. Sie können die Farbtöne alle in tristem Grau machen. Danach machen Sie es noch kleiner und immer kleiner und verschwommener, bis es kaum mehr zu sehen ist. Und

auch mit den Submodalitäten aus dem auditiven Bereich verfahren Sie so. Sie machen die Geräusche, Stimmen und Klänge immer leiser, sanfter, vielleicht langsamer. Mit den kinästhetischen Submodalitäten verfahren Sie ebenso. Sie haben sicher bemerkt, wie sich Ihr Erleben einer unangenehmen Gefühlsreaktion verändert. Die Reaktion wird mit der geeigneten Veränderung der Submodalitäten immer schwächer.

Schritt 2:
Nehmen Sie nun im zweiten Schritt das von Ihnen bereits klein und dunkel gemachte Bild mit dem unangenehmen Erlebnis. Lassen Sie es noch kleiner werden. Wenn es schließlich fast nicht mehr zu sehen ist, nehmen Sie dieses Minibild und stellen sich vor, es würde in einem großen Rahmen voller Helligkeit und bunter Farben stehen. Sie achten jetzt immer mehr auf die Farben, Kontraste und Größe des neuen Bildes in dem großen Rahmen, während das unangenehme immer mehr verschwindet. Machen Sie die Geräusche des unangenehmen Bildes noch leiser, langsamer, eintöniger, und verändern Sie die kinästhetischen Submodalitäten ebenfalls. Das unangenehme Bild, die unangenehme Gefühlsreaktion verliert immer mehr an Macht. Auf diese Art und Weise lassen sich zum Beispiel Ängste, Schmerzen und andere unangenehme Reaktionen auflösen und zum Verschwinden bringen.

In dem Kinderbuch „Momo" erzählte der Straßenkehrer Beppo, wie er mit dem großen Berg von Arbeit fertig wurde. „Ist gar nicht so schlimm", sagte er. „Man darf nur nicht die ganze Arbeit auf einmal sehen. Denn dann bekommt man Angst, daß man es nicht schafft. Man muß sich den Berg Arbeit kleiner vorstellen, dann macht er viel weniger Angst. Man muß immer nur an den nächsten Schritt denken. Und den schafft man. Und dann geht man weiter und schafft den nächsten kleinen Berg Arbeit. Schritt für Schritt." Beppo macht sich in seiner Vorstellung den Riesenberg Arbeit einfach klein, indem er die Arbeit in viele kleine Schritte aufteilt. Damit ist es für ihn nicht schwierig, alles in kleinen Schritten abzuarbeiten. Jeder von uns kennt die Situation, wo man vor einer schier unüberwindlichen Aufgabe stand. Manchmal werden wir dann schon vorher mutlos. Wenn Sie sich nun eine schwierige Aufgabe als kleines Bild vorstellen, es dunkler machen, es in einen festen Rahmen stellen, nehmen sie ihr die negative Macht, und Sie haben eher die Möglichkeit, damit fertigzuwerden. Durch die Veränderung der Submodalitäten bekommen Sie ein anderes Gefühl zu dieser Aufgabe. Und damit ändert sich auch Ihr Verhalten.

Mit dieser Technik können Sie Ihre Tage noch schöner gestalten und sich zufriedener und fröhlicher fühlen. Sie können je nach Bedarf das Gefühl, das Sie erleben, verändern, indem Sie Ihre Repräsentationen verändern. Stellen Sie sich vor, Sie hatten Streit mit einer Ihrer Mitarbeiterinnen. Sie sind verärgert und stellen sich abends, als Sie aus der Praxis gehen, die Szene mit dem Streit noch einmal bildlich vor. Sie machen ein großes Bild davon, hören die Stimme laut, deutlich, vielleicht schrill, wiederholen die Worte des Streits immer wieder und erleben den Streit noch schlimmer, als er vielleicht war. Nur, warum sollten Sie sich Ihren Feierabend damit verderben? Abgesehen davon, daß es mit NLP weitere Möglichkeiten der Problemverarbeitung gibt, könnten Sie zum Beispiel Bilder aus der Vergangenheit erinnern, wo Sie eine harmonische Zusammenarbeit mit Ihrer Mitarbeiterin hatten. Sie können sich erinnern, wie sie oft als treue Seele der Praxis morgens als erste da war, alles schon vorbereitet hatte, bevor Sie mit der Sprechstunde begannen, und abends als letzte ging; wie Sie Ihnen in Streßsituationen motivierende und freundliche Worte sagte und Ihnen den Kaffee brachte. Es liegt an Ihnen, wie Sie diesen Streit innerlich repräsentieren, ob Sie sich alles wirklich in so schlimmen Farben ausmalen müssen oder ob es nicht sinnvoller wäre, den Streit, nachdem er nun einmal passiert ist, in Ihrer Vorstellung abzumildern. Sie müssen sich selbst fragen: „Was werden die Folgen sein, wenn ich es in der Art und Weise repräsentiere?“ In welche Richtung bringt mich mein Verhalten? Will ich das wirklich?“ Denn Ihr innerer Zustand läßt Sie möglicherweise am nächsten Morgen das „Guten Morgen“ in einer bestimmten Art und Weise aussprechen. Wie Sie aus dem Kapitel „Kommunikationsebenen“ gelernt haben, gibt es unzählige Möglichkeiten, ein Wort oder einen Satz auszusprechen und zu betonen.

Probieren Sie einmal mit einem Freund aus, auf wie viele Arten Sie ihm „Guten Morgen“ sagen können und wie sein Feedback darauf ist.

Dissoziiertes Verhalten ist bei vielen Menschen weit verbreitet. Das bedeutet, daß sie mit ihren Gefühlen so umgehen, daß diese sie nicht sehr beeinträchtigen. Das sind die sogenannten „coolen Typen“, die sich in schwierigen Situationen gelassen und emotional scheinbar unbeteiligt verhalten. Bei vielen Gelegenheiten ist ein solches Verhalten sicherlich nützlich. Es nimmt dem Menschen jedoch an manchen Stellen auch einiges an Lebensfreude und Lebendigkeit. Wenn eine Person andererseits ständig voll assoziiert ist, ständig alles in hoher Intensität erlebt, kann es ebenfalls zu Schwierigkeiten kommen. Denn sie wird jede kleine Problemsituation sehr intensiv erleben und vieles persönlich nehmen. Wichtig ist, daß Sie je nach Situation entscheiden, ob Sie diese assoziiert oder dissoziiert erleben wollen.

23. Glaubenssätze und Heilungen

Glaubenssätze bestimmen einen großen Teil unseres Lebens. In meiner Arztpraxis war die Arbeit mit Glaubenssätzen eine der Tätigkeiten, die mir viele wunderbare Erfolgserlebnisse brachte. Neben dem täglichen, eher lästigen Verwaltungskram, den man ja in einer Praxis hat und so nebenbei miterledigen muß, waren das immer sehr schöne Möglichkeiten, sich selbst und den Patienten zufriedenzustellen. Denn was ist schöner, als erfolgreiche Arbeit zu leisten in einem Beruf, wo viele Krankheiten als nicht immer heilbar gelten oder nur zu heilen sind, wenn Nebenwirkungen an anderen Organen in Kauf genommen werden, was zu neuen Krankheiten führt.

Als unsere Tochter Sarah vier Jahre alt war, spielte sie einmal auf einem matschigen Weg, rutschte aus und fiel hin. Sie kam mit einer Beule an der Stirn weinend nach Hause. Aufgrund meines medizinischen Wissens war mir klar, daß diese in den nächsten Tagen noch blauer anlaufen und sich bis schwarz verfärben würde. Wir trösteten sie und sagten ihr, als sie mit dem Weinen aufgehört hatte und der erste Schmerz überwunden war, daß kleine Mädchen besonders schnell gesund werden und diese Beule am nächsten Tag schon geheilt sein würde. Wir legten noch kühle Kompressen auf die Stirn, und sie ging schlafen. Am nächsten Morgen waren wir überrascht zu sehen, daß die Beule, die wirklich am Vortag sehr groß war, völlig verschwunden war und daß auch keine Schrammen mehr zu sehen waren. Was war geschehen? Sarah hatte schlicht und einfach geglaubt, daß sie in kurzer Zeit wieder gesund werden würde. Sie glaubte, was wir ihr gesagt hatten, und hatte Vertrauen. Was geschehen war, war kein Wunder, sondern lediglich das, was das Kind seinem Gehirn in dem Moment signalisiert hatte, nämlich einen beschleunigten Heilungsprozeß zu entwickeln. Auch bei Patienten habe ich solche schnellen Heilungsprozesse immer wieder gesehen. Es gab eine Patientin, die lange Zeit wegen eines offenen Beines in einer chirurgischen Praxis behandelt worden war. Aber es wollte einfach nicht heilen. Nach der langen Behandlung glaubte sie nicht mehr daran, daß es überhaupt besser werden würde. Als sie in meine Praxis kam, führte ich mit ihr unter anderem den Prozeß durch, den man im NLP „Glaubenssätze verändern" nennt. Nachdem sie gelernt hatte, daß sie glauben konnte, daß das Geschwür, das sie schon so lange hatte, doch heilen würde, dauerte es tatsächlich gar nicht lange, bis das Geschwür am Bein geschlossen war und abheilte, ohne daß ich an schulmedizinischer Behandlung etwas anderes als der Chirurg gemacht hätte.

Im Laufe unserer Lebensgeschichte hat jeder von uns bestimmte Vorstellungen und Überzeugungen über sich selbst und die Welt im allgemeinen entwickelt. Solche Vorstellungen sind aus Erziehung, Erfahrungen und durch Prägung entstanden. Wir haben in bestimmten Situationen bestimmte Verhaltensweisen entwickelt. Manchmal finden wir diese gut, manchmal behindern sie uns. Bestimmte Vorstellungen, Glaubenssätze über uns beeinflussen uns unter Umständen so stark, daß sie für uns hinderlich, ja sogar gefährlich sein können.

Wie entstehen diese Glaubenssätze, welchen Einfluß haben sie, und wie kann man behindernde Glaubenssätze verändern? Diese Fragen sollen in diesem Kapitel lediglich kurz angerissen werden, da sie ein eigenes Buch füllen.

Wenn wir von Glauben sprechen, denken die meisten an Religionen. An dieser Stelle ist jedoch die Überzeugung gemeint, die man von sich hat. Die Überzeugung, der Glaube, ist wie ein Befehlsgeber des Gehirns. Genau das ist auch der Grund, weshalb uns Glaubenssätze zu außerordentlichen Leistungen anspornen können. Sie können uns unterstützen, jedoch unser Denken und Handeln auch behindern und einengen. Mit einem starken oder positiven Glaubenssatz können Sie sich zu Höchstleistungen motivieren. Jedoch kann ein negativer, einschränkender Glaubenssatz all unsere Bemühungen behindern.

Gedanken sind Kräfte.

Unsere Glaubenssätze bestimmen sehr direkt unser Nervensystem, denn wenn Sie zum Beispiel glauben, daß etwas wahr ist, kommen Sie automatisch in einen Zustand, in dem es für Sie wahr ist. Wie die Aussage „Gedanken sind Kräfte" sagt, können Ihre positiven Glaubenssätze zu ungeheuren Kräften werden. Auf der anderen Seite kann ein behindernder Glaubenssatz eine ebenso starke zerstörerische Kraft entwickeln. Glaubenssätze helfen uns, die stärksten Ressourcen in uns aufzudecken und sie für unsere Ziele einzusetzen.

Positive, motivierende Glaubenssätze können sein:

- Ich erreiche alles, was ich mir vornehme.
- Ich bin überzeugt, daß ich lernen kann, schlank zu sein.

- Ich kann andere gut überzeugen.
- Ich weiß, daß ich ein guter Arzt bin.
- Ich bin erfolgreich.
- Ich schaffe es, mit dem Rauchen aufzuhören.
- Ich weiß ganz sicher, daß ich wieder gesund werde.

Negative, behindernde Glaubenssätze können sein:

- Ich kann nicht gesund werden.
- Ich darf nicht viel Geld verdienen.
- Ich darf mir nicht helfen lassen.
- Ich muß mich um andere zuerst kümmern.
- Ich kann nicht abnehmen.
- Ich schaffe es nicht, mit dem Trinken aufzuhören.
- Ich kann nicht mehr glücklich sein.

Ich erinnere mich besonders an einige Krebspatienten in meiner Praxis, von denen ich kurz berichten möchte.

Eine 80jährige liebe, bescheiden lebende, sehr religiöse Patientin war seit vielen Jahre treue Patientin meiner Praxis. Sie kam regelmäßig in die Praxis, um sich abhorchen und ihr Blut untersuchen zu lassen. Nennenswerte Erkrankungen hatte sie nicht, vielleicht mal eine Erkältung. Sie lebte nach dem Tod ihres Ehemannes allein, hatte jedoch eine große Familie, die sich liebevoll um sie kümmerte. Sie war stets glücklich und zufrieden mit sich und der Welt. Sie sah in jedem Menschen nur das Gute. Das war ihr Glaubenssatz. Eines Tages ging sie, wie immer am Monatsanfang, zur Bank, um ihre Rente abzuholen. An diesem Tag ging sie danach noch in einen kleinen Zeitungsladen, um einige Kleinigkeiten einzukaufen. Als sie bezahlen wollte, fiel ihr ihre Handtasche aus der Hand auf den Boden. Zwei in dem Laden wie zufällig anwesende junge Leute halfen ihr sofort, die Tasche aufzuheben. Sie taten sehr bemüht und überaus hilfsbereit. Als sie wenig später nach Hause kam, mußte sie feststellen, daß diese jungen Leute ihr das gesamte Geld, das sie gerade von der Bank abgeholt hatte, gestohlen hatten! Sie rief mich in aller Aufregung in der Praxis an, weil sie seelisch total aufgewühlt war. Es war jedoch nicht das Abhandengekommensein des Geldes, welches sie so völlig aus dem Gleichgewicht gebracht hatte, sondern die Tatsache, daß diese zwei jungen Menschen falsch und betrügerisch zu ihr gewesen waren. Dieser Tatbestand der Lüge und des Betrugs hatte ihr gesamtes Glaubenssystem vom Guten im Menschen ins Wanken gebracht! Es war wie ein Zusammenbruch. Sie kam bis zu ihrem Tod nicht hinweg darüber.

Bereits zwei Wochen später kam sie mit Durchfällen und Blut im Stuhl in meine Praxis. Ihr Gesicht war aschfahl und eingefallen. Die Diagnose Krebs war klar. Die Untersuchungen bestätigten dieses. Ihre Abwehrkräfte waren durch die für sie schwere seelische Belastung enorm geschwächt. Der Krebs hatte seine Chance! Keiner, auch nicht ihre liebevolle Familie, konnte ihr den Glauben an das Gute wiedergeben. So sagte sie auch: „Wenn es das Gute im Menschen doch nicht gibt, an das ich mein Leben lang geglaubt habe, dann macht es für mich auch keinen Sinn mehr zu leben." Und so lehnte sie jegliche Therapie ab. Und es dauerte keine zwei Monate, bis sie im Kreis der Familie verstarb.

Vermutlich hatten schon seit längerer Zeit Krebszellen in ihrem bis dahin starken, gesunden Körper gewartet, die nun bei dieser für die Patientin extremen seelischen Belastung, die sie erleben mußte, zur ungebremsten Vermehrung übergingen. Wie wir sehen, bedeutet Belastung für jeden etwas anderes. Manche von Ihnen mögen in dieser Geschichte, die die Patientin erlebt hat, vielleicht gar nicht etwas so schwer Belastendes sehen. Für jeden einzelnen von uns stellen andere Dinge Belastungen dar.

Sicherlich ist dieses ein Extrembeispiel.

Ein weiteres Beispiel aus meiner Praxis möchte ich Ihnen erzählen, um zu zeigen, was positive Glaubenssätze an Kraft, Mut undEnergiezuwachs bewirken können.

Es handelt sich um eine 88 Jahre alte Patientin, die vor sieben Jahren einen schweren Schlaganfall hatte, halbseitig gelähmt war, nicht mehr sprechen konnte und allgemein hinfällig war. Die Krankenhausärzte hatten sie schon längst aufgegeben. Die Verwandten waren liebevoll um sie besorgt und ermunterten sie jeden Tag von neuem. Sie brachten sie zu mir zu einer besonderen Therapie, der Sauerstoff-Mehrschritt-Therapie nach Prof. Manfred von Ardenne. Sie war überzeugt von der Therapie und davon, daß ich ihr helfen würde und hatte auch den starken Willen, wieder fit zu werden, um am Leben und an ihrer Familie wieder teilzuhaben. Sie hatte gleich mehrere positive Glaubenssätze: „Ich weiß, daß diese Behandlung mich wieder gesund macht." „Ich bin sicher, daß die Ärztin das Beste für mich tut und ich gesund werde." „Ich weiß, daß ich wieder mit meiner Familie zusammen sein kann und daß ich dann fit bin."

Das Unglaubliche geschah: Nach einiger Zeit konnte sie wieder laufen, sprechen, normal denken, und seit fünf Jahren reist sie, 88jährig, fit, vital, zweimal im Jahr voller Lebensfreude nach Mallorca. Es war der Glaube, ihre Überzeugung, auf jeden Fall wieder gesund zu werden, die sie wieder fit und vital werden ließ.

Noch ein weiteres Beispiel, was Glaube und Überzeugung bewirken können, möchte ich kurz erwähnen. Mein Schwiegervater kam vor vier Jahren mit einem

Tumor am Magen, der innerhalb von vier Wochen rasant gewachsen war, in die Universitätsklinik. Die Ärzte machten den Bauch auf, sahen den Tumor und stellten die für die ganze Familie unfaßbare Diagnose: inoperabel. Aber nicht nur das – sie sagten dem Patienten auch, daß er genau noch eine Woche zu leben habe, er solle seine Angelegenheiten noch schnell regeln, denn es sei sowieso schon alles zu spät. Hätte er diese Überzeugung geteilt und den Krankenhausärzten geglaubt, hätte er möglicherweise tatsächlich nur noch kurze Zeit zu leben gehabt. Wir holten ihn aus dem Krankenhaus, er bekam Chemotherapie, Bestrahlung und Sauerstoff-Therapie zur Unterstützung. Das wichtigste von allem jedoch war, daß er fest daran glaubte, daß er seinen Tumor besiegen werde. Auch die Familie unterstützte ihn mit liebevoller Zuwendung. Er lebt heute, vier Jahre später, nachdem ihm die Krankenhausärzte so leichtfertig die Prognose mitgeteilt hatten, er würde spätestens in einer Woche sterben, bei guter Gesundheit. Der Krebs hat sich sogar zurückgebildet, und er nimmt am Leben im Kreise seiner Familie teil.

Was ich mit diesen Beispielen sagen möchte, ist, wie stark uns Glaubenssätze und Überzeugungen in unserem Leben beeinflussen, **was Glaubenssätze bewirken können und welche Macht sie über uns haben**. Ein Patient, der gar nicht glauben kann, daß er überhaupt wieder gesund werden kann, wird mit großer Wahrscheinlichkeit nicht gesund. Ein Mensch, der überzeugt ist, daß er etwas schafft und daß er sein Ziel erreicht, wird es, solange es realistisch ist, aller Wahrscheinlichkeit nach schaffen und sein Ziel auch erreichen.

Glaubenssätze können daher mitentscheidend sein über Leben und Tod, über Erfolg und Mißerfolg!

Denn wir bewirken mit jedem Gedanken Ursachen, deren positive oder negative Auswirkungen und Folgen wir sehr oft einfach und irrtümlicherweise dem Schicksal oder Zufall zuschreiben. Sobald Sie gelernt haben, Ihre Gedanken und Glaubenssätze richtig einzusetzen, wird es Ihnen auch gleichzeitig möglich sein, Ihre Lebensverhältnisse nach Ihrem inneren Vorstellungsbild zu verändern und neu zu gestalten. Gemäß einer der Grundannahmen im NLP: „Jeder besitzt bereits alles, was er braucht, um all seine Probleme zu lösen (oder hat zumindest eine Vorstellung davon)“, haben Sie bereits alle Ressourcen in sich. Sie müssen nur die richtige Schublade öffnen, um sie wachzurufen. Wenn Sie die enorme Kraft Ihrer Gedanken und Ihrer Glaubenssätze erkannt haben, werden Sie zu positiven Veränderungen fähig sein.

Übung

Probieren Sie einmal mit einem Freund folgendes aus: Bitten Sie ihn, er solle sich vorstellen, daß in dem Raum, in dem er gerade sitzt, plötzlich ein Feuer ausgebrochen sei und es schwierig sei, aus dem Raum herauszukommen. Er soll es sich mit allen Sinnen lebhaft vorstellen. Beobachten Sie, wie sich seine Atmung verändert, seine Gesichtsfarbe, sein Herzschlag, seine Muskelspannung. Sein ganzer Körper ist in Alarmbereitschaft versetzt. Der bloße Gedanke an eine kritische Situation verändert schon unsere körperliche Verfassung.
Und nun bitten Sie Ihren Freund, sich einmal eine Situation aus dem letzten Urlaub vorzustellen, als er vielleicht wohlig entspannt am Strand lag, den warmen Sand am Körper spürte, vielleicht mit seiner Partnerin ein Glas Margerita trank, es sich gutgehen ließ und das Leben in vollen Zügen genoß. Der Körper stellt sich sofort auf das beruhigende Bild im Geist ein und reagiert entsprechend: Die Atmung wird ruhiger, der Herzschlag wird ruhiger, Hautwiderstand und Muskelanspannung nehmen ab.
Daran wird deutlich, daß jeder Gedanke die Vorgänge in unserem Körper beeinflußt und daß unsere physische und psychische Verfassung entscheidend vom Inhalt unseres Denkens und von unseren Überzeugungen abhängig sind. Daher ist die Kontrolle über unsere Glaubenssätze und Überzeugungen der wesentliche Faktor zur Beherrschung unseres Schicksals und unseres Erfolges. Und daher ist es auch ziemlich unwichtig, ob Sie reich oder arm, erfolgreich oder erfolglos sind oder wie auch immer Ihre Lebensumstände sind. Die Qualität Ihrer Glaubenssätze entscheidet über Erfolg oder Mißerfolg Ihres Lebens. Und ob Sie positive oder negative Überzeugungen und Glaubenssätze haben wollen, das entscheiden Sie ganz allein. Mit Ihren Überzeugungen und Glaubenssätzen können Sie siegen oder untergehen, gewinnen oder verlieren, glücklich oder unzufrieden sein. Nur Sie allein bestimmen, wie angenehm Ihre Überzeugungen sind. Aus Ihren Gedanken entstehen Ihre Glaubenssätze, aus diesen deren bildhafte Vorstellung, und daraus der Antrieb zum Handeln, der Sie ans Ziel bringt.

Dein Leben ist das Ergebnis deiner Gedanken.

Ein Mangel an etwas, zum Beispiel Mangel an motivierten und engagierten Mitarbeitern in Ihrer Praxis oder Mangel an Geld, ist kein unabwendbares Schicksal, dem Sie sich unterwerfen müßten. Mangel beruht auf falscher Überzeugung, die verhindert, daß sich Ihr Leben nach Ihren Vorstellungen entwickeln kann. Wenn Sie lange genug auf den Mangel geschaut haben, auf das, was Ihnen fehlt, dann können Sie bald bildhaft sehen, wie er größer und größer wird. Sind Sie überzeugt, daß Sie Ihre Mitarbeiter nicht motivieren können und nicht mehr Patienten an Ihre Praxis binden können, weil ja angeblich so viele Arztkollegen in unmittelbarer Nähe Ihrer Praxis praktizieren, dann haben Sie nichts anderes zu erwarten. Sie können immer nur das erhalten, woran Sie glauben und was Sie sich sehnlichst wünschen oder stark befürchten. Sie sind so, wie Sie glauben zu sein.

Und durch Ihren Glaubenssatz, durch Ihre Überzeugung schaffen Sie sich Ihre ganz persönlichen Umstände: Glauben Sie, immer zuwenig Geld zu verdienen, so ist es unmöglich, zu finanziellem Wohlstand zu gelangen. Sie haben einfach die falsche Überzeugung. Und hat sich dieser Glaubenssatz erst einmal etabliert, werden Sie auch nicht den entsprechenden Unternehmergeist entwickeln, der Ihre augenblickliche Situation verändern könnte. Denn diese negativen Überzeugungen sind die hauptsächliche Ursache für Ihre physischen, seelischen und sozialen Störungen.

Nehmen Sie einmal an, eine Ihrer Mitarbeiterinnen glaubt, sie sei in jeder Hinsicht dumm und unfähig, gute Arbeit zu leisten. Wenn sie von vornherein diese Erwartungshaltung hat, daß ihr ja doch nichts Gescheites gelingt, wieviel von ihren Ressourcen und guten Fähigkeiten, wieviel von ihrem Potential wird sie wohl bei der Arbeit einsetzen? Sicherlich nicht viel. Denn sie hat sich bereits eingeredet, daß sie dies und jenes nicht kann. Sie hat ihrem Gehirn bereits mitgeteilt, daß sie Mißerfolge erwartet. Ihre Überzeugung ist, daß sie nie Erfolg haben wird. Und mit dieser Art von negativen Erwartungen wird sie vermutlich unsicher, mutlos, unentschlossen und unzufrieden handeln. Ihr Handeln wird nicht ihren eigentlichen Ressourcen und Fähigkeiten entsprechen. Das Verheerende daran ist, daß dadurch auch nur unbefriedigende Ergebnisse entstehen, die gerade die negativen Glaubenssätze noch bestätigen und damit bestärken. Das bedeutet, Nicht-Können führt zu Nicht-Können, Mißerfolg führt zu Mißerfolg, aber Erfolg führt oft zu mehr Erfolg. Denken Sie an Ihre eigenen Glaubenssätze. Erwarten Sie eher, daß sich die Dinge entwickeln zum Guten oder zum Schlechten? Meinen Sie, daß alles, was Sie an neuen Ideen für Ihre Praxis entwickeln, eher Erfolg hat oder daß es vergebliche Liebesmüh ist? Sehen Sie zuerst die positiven Aspekte einer Sache oder eher Hindernisse? Der Glaube an Einschränkungen schränkt Menschen tatsächlich ein.

Und manche Menschen neigen dazu, sich immer erst einmal auf das Schlechte, nicht Funktionierende einer Sache zu konzentrieren, während andere sich erst einmal auf das Positive fokussieren. Diejenigen Persönlichkeiten unserer Zeit, die etwas bewegen und verändern, sind diejenigen, die daran glauben, daß sie in der Wüste Wasser finden werden, oder diejenigen, die aus dem Nichts eine blühende Firma erschaffen haben, die innerhalb von zwei Jahren zum drittgrößten Arbeitgeber einer Region in Mexiko geworden ist. Menschen, die sich vor Mißerfolg fürchten, erwarten diesen bzw. machen sich eine innere Repräsentation des Mißerfolgs. Sie sehen buchstäblich, was alles schiefgehen könnte. Und genau das hindert sie, das zu tun, was nötig ist, um den Erfolg zu erlangen.

Was Glaube bewirken kann, möchte ich Ihnen an einer kurzen Geschichte klarmachen. Einst saß ein alter, weiser Mann unter einem Baum, als der Seuchengott des Weges kam. Der Weise fragte ihn: „Wohin gehst du?“ Der Seuchengott antwortete: „Ich gehe in die Stadt und werde dort hundert Menschen töten.“

Auf seiner Rückreise kam der Seuchengott wieder bei dem Weisen vorbei. Der Weise sprach zu ihm: „Du hast gesagt, daß du hundert Leute töten wolltest. Reisende aber berichteten mir, es wären zehntausend gestorben.“

Der Seuchengott antwortete ihm: „Ich tötete nur hundert Menschen. Die anderen glaubten, daß sie auch sterben würden. Der Glaube zu sterben sowie ihre Angst haben sie umgebracht.“

Kinder glauben ihren Eltern, weil sie ihnen vertrauen. Sie lernen, in dieser Welt zu überleben, indem sie nachahmen, was sie tun. Kinder nehmen unsere Glaubenssätze und Werte wie ein Schwamm auf. Glaubenssätze bilden die Grundlage zu der Wirklichkeit, die wir mit ihnen teilen. Die meisten Glaubenssätze werden irgendwann zu einer unbewußten Angelegenheit. Und meist gestalten wir uns unsere Welt weiter auf ihrer Grundlage, auch wenn sie keinen sinnvollen Zweck mehr für uns haben. Wenn Kinder ständig von ihren Eltern vorgelebt bekommen, wie gefährlich das Leben ist, daß sie ungeschickt sind, daß nur Reiche erfolgreich sein können, werden sie mit Sicherheit auch diese negativen Glaubenssätze übernehmen und Ängste in bezug auf das Leben entwickeln.

Auf die gleiche Weise erwerben wir die Glaubenssysteme und Wertvorstellungen unserer Gesellschaft. Diese können positiv oder negativ sein. Wie wir es betrachten ist eine Frage des reinen Werturteils, das normalerweise voreingenommen ist und daher wenig sinnvollen Zwecken dient. Als Erwachsene treffen wir bewußte Entscheidungen darüber, was wir glauben. Wir arrangieren uns mit den Ergebnissen dieser Glaubensannahmen. Manchmal erhalten wir nicht die Ergebnisse, die wir uns wünschen. Dann sind wir erstaunt und fragen: Warum passiert das gerade mir? Ich habe es doch eigentlich besser verdient.

Eine der Grundannahmen des NLP lautet: Es gibt keine Fehler, keinen Mißerfolg, es gibt nur Resultate. Und daraus kann man Erfahrung ziehen. Wie Anthony Robbins sehr treffend feststellt: Was ist der wichtigste Vorteil, den Sie heute gegenüber gestern haben? Die Antwort ist natürlich: Erfahrung. Abraham Lincoln sagte einmal:

Denke immer daran, daß deine eigene Entschlossenheit, erfolgreich zu sein, wichtiger ist als alles andere.

Wenn Sie also alles aus einer positiven Perspektive sehen können, werden Sie eine andere Einstellung dazu haben. Stellen Sie sich vor, Sie beginnen eine neue Aufgabe mit großen Erwartungen und glauben mit allen Zellen Ihres Körpers daran, daß Sie Erfolg haben werden. Vermutlich werden Sie so viel an Ressourcen aktivieren, daß Sie sich entsprechend siegessicher, selbstbewußt, energisch und kongruent verhalten. Sie glauben einfach an Ihren Erfolg, zeigen großen Einsatz und werden vermutlich gute Ergebnisse erzielen.

Erwarte das Beste, und es wird dir zuteil werden. – *N.V. Peale*

Natürlich heißt das nicht, daß ressourcevolle Menschen ständig nur gewinnen und zu jeder Zeit des Tages die großen Erfolge haben. Auch Mozart war nicht in jeder Minute des Tages ein Genie. Doch es ist sicher, daß Menschen mit positiven Glaubenssätzen nach vorübergehenden schlechten Ergebnissen immer wieder von neuem anfangen und ständig erneut ihre Ressourcen aktivieren, um schließlich doch die Ziele zu erreichen, die sie sich gesetzt haben. Übrigens müssen Sie gar nicht immer glauben, Sie erreichen alle Ziele. Viele Menschen erreichen ihre Ziele auch deshalb, weil sie gar nicht glauben können, daß sie sie nicht erreichen. Das heißt, es ist auch bereits ausreichend, keinen behindernden, einengenden Glaubenssatz zu haben.

Glaubenssätze, Überzeugungen

↓

Ressourcen

↓

Handlungen

↓

Resultate

Wie entstehen Glaubenssätze?

Wir werden durch unsere Umgebung beeinflußt. Kinder, die im Krieg aufwachsen, bauen zum Beispiel den Glaubenssatz auf, daß man Probleme am besten löst, wenn man seinen Gegner erschießt. Niemand hat ihnen gezeigt, wie man Probleme auch auf andere Art und Weise lösen kann. Oder das Leben in Slums ... Wenn man täglich nichts anderes sieht als Mißerfolg und Verzweiflung, ist es schwer, sich ein erfolgreiches Leben vorzustellen. Menschen, die in einer Umgebung von Wohlstand aufgewachsen sind, können sich viel leichter Wohlstand vorstellen. Auch intensive Erlebnisse und Erfahrungen lassen Glaubenssätze entstehen. Und auch frühere positive Erlebnisse können zu positiven Glaubenssätzen führen. Denn es ist leichter zu glauben, daß man Erfolg hat, wenn man bereits einmal Erfolg hatte.

Als Arzt können Sie, indem Sie die Vorgeschichte eines Patienten erforscht haben, leicht herausfinden, wie, wann und wo ein Patient seinen Glaubenssatz erworben hat. So gibt es zum Beispiel sogenannte Allergiker-Familien. Hier machen die einzelnen Familienmitglieder Verallgemeinerungen darüber, wie die Dinge sind, und nehmen sie als wahr an. Diese Menschen behaupten, sie würden im Alter X ebenfalls eine Allergie bekommen, weil bereits die Mutter und die Großeltern an dieser Allergie gelitten haben. Auch Krebsfamilien bilden ein solches Beispiel: „Weil meine Mutter und Großmutter und deren Schwester Krebs hatten, bin ich sicher, daß meine Müdigkeit auch mit Krebs zusammenhängt. Genauso fing es bei meinen Verwandten ja auch an." Der Blick auf Alternativen wird durch einengende Glaubenssätze versperrt, der Gedanke, daß Müdigkeit etwas Harmloses bedeuten könnte, von vornherein nicht in Erwägung gezogen.

Wie können Glaubenssätze verändert werden?

Bevor Richard Bandler die Veränderungsarbeit mit Hilfe der Submodalitäten entwickelt hatte, nahm man an, daß es sehr schwer, wenn nicht sogar unmöglich sei, tief verwurzelte, seit Kindheit bestehende Überzeugungen zu verändern. Viele psychotherapeutische Schulen gingen früher davon aus, daß ein Mensch erst einmal eine sehr besondere, intensive Erfahrung oder ein schweres Trauma benötige, damit er zu einer Änderung seiner Überzeugungen und Glaubenshaltungen fähig werde.

Bandler zeigte auf, wie eine Glaubensveränderung relativ leicht hergestellt werden kann, wenn man das Submodalitätenmodell anwendet. Der amerikanische

Psychotherapeut Robert B. Dilts hat sich sehr eingehend mit Glaubenssätzen und deren Veränderung beschäftigt.

Er fing an, damit zu arbeiten, als sich seine Mutter in einer Umbruchphase ihres Lebens befand und zeitgleich in Kopf und Wirbelsäule Metastasen eines bereits längere Zeit bestehenden Brustkrebses entwickelte. Sie arbeitete zu dieser Zeit sehr hart. Sie hatte mehrere sehr behindernde Glaubenssätze, die sie unter anderem in dem Satz zusammenfaßte, daß sie „sterben" würde für einen Urlaub. In aufopfernder Kleinarbeit arbeitete Dilts an der Veränderung dieser einengenden Glaubenssätze, die das Leben seiner Mutter bedrohten. Die Ärzte hatten seine Mutter schon längst aufgegeben und machten nur noch Vorschläge, wie man ihr das Leben bis zum Tod so erträglich wie möglich machen könnte. Dilts gelang es tatsächlich, seine Mutter von der schweren Krankheit vollständig zu heilen.

Er hat eine sehr einfache Formel für die Veränderung von Glaubenssätzen präsentiert:

Gegenwärtiger Zustand + Ressourcen = Erwünschter Zustand
(= Problemzustand)

Da es manchmal schwierig ist, dem gegenwärtigen Problemzustand Ressourcen hinzuzufügen, sieht diese Formel auch folgendermaßen aus:

Problemzustand + Ressourcen = Erwünschter Zustand

↑

Störungen/einschränkende Glaubenssätze

Das ist eigentlich der Prozeß, der bei allen NLP-Techniken Anwendung findet. Unsere Gedanken und Überzeugungen beeinflussen ganz entscheidend unser körperliches Befinden. Die Veränderung eines Glaubenssatzes braucht ein wenig mehr Zeit als andere Interventionen im NLP. Im Wesentlichen arbeitet man dabei mit den Submodalitäten.

Den größten Teil der Veränderungsarbeit mit Submodalitäten macht man, indem man die Submodalitäten des zu verändernden Glaubenssatzes mit denen eines Glaubenssatzes, den man in Zweifel zieht, vergleicht. Diejenigen Submodalitäten, die dabei am wichtigsten erscheinen und den größten Einfluß haben, werden dazu genutzt, die Veränderung herbeizuführen. Aus den Unterschieden in den Submodalitäten wird ein neuer, nutzbringender Glaubenssatz formuliert.

Anleitung für die Änderung eines einengenden Glaubenssatzes und Wahrmachung eines neuen Glaubenssatzes *(nach A. Mohl)*

Schritt 1:
Sie bestimmen zunächst den Glaubenssatz, der in der Vergangenheit einengend war und der geändert werden soll (zum Beispiel: „Ich kann nicht abnehmen").

Schritt 2:
Fragen Sie sich, welche negativen und vielleicht auch positiven Anteile er hat. Denn das Nicht-Abnehmen-Können, das Dicksein, kann auch positive Aspekte haben. Fragen Sie sich auch, welche Folgen ein Beibehalten dieses Glaubenssatzes mit sich bringt. Wenn der negative Anteil überwiegt, ist es an der Zeit, diesen Glaubenssatz zu verändern.

Schritt 3:
Bereiten Sie eine Liste der Submodalitäten vor, in denen Sie den Glaubenssatz repräsentieren. Ihre Checkliste könnte folgende Modalitäten enthalten:

visuell:	*auditiv:*	*kinästhetisch:*
farbig – schwarzweiß	laut – leise	warm – kalt
hell – dunkel	schnell – langsam	stark – schwach
klar – unscharf	hoch – tief	leicht – schwer
stehendes Bild – Film	wohlklingend – schrill	rauh – glatt
klein – groß	nah – fern	leicht – schwer
nah – fern		ganzkörperlich – bestimmte Bereiche
assoziiert – dissoziiert		

Schritt 4:
Formulieren Sie eine Aussage, die Sie bezweifeln (z.B.: „Ich weiß nicht, ob ich eine Praxis eröffnen soll").

Schritt 5:
Stellen Sie sich nun ein Bild oder eine Situation vor, in der diese Aussage für Sie gilt. Und sehen Sie sich dieses Bild in Ihrer inneren Vorstellung an. Gehen Sie dabei die Liste der Submodalitäten durch. Wo befinden Sie sich in diesem Bild? Ist es ein Bild oder eher ein Film? Sind Sie im Bild/Film drin oder außerhalb? Ist es farbig oder schwarzweiß? Ist es hell oder dunkel? Ist es scharf oder unscharf? Was können Sie dabei hören? Gehen Sie nun also die Submodalitäten aus dem auditiven Bereich durch. Können Sie etwas fühlen? Nehmen Sie dazu die Submodalitäten aus dem kinästhetischen Bereich. Und wenn Sie etwas riechen oder schmecken, dann führen Sie es auch auf.

Schritt 6:
Vergleichen Sie beide Listen der Submodalitäten miteinander und stellen Sie die wichtigsten Unterschiede der Submodalitäten des einengenden Glaubenssatzes und des Zweifelssatzes fest.

Schritt 7:
Formulieren Sie nun einen neuen Glaubenssatz. Welchen neuen Glaubenssatz würden Sie gerne an Stelle des einengenden einsetzen? Wählen Sie auf jeden Fall eine Formulierung, die positiv all das ausdrückt, was Ihnen Ihr neuer Glaubenssatz bedeutet. Formulieren Sie so lange, bis der Satz ganz und gar für Sie passend ist. Wichtig ist dabei, daß Sie Ihren neuen Glaubenssatz im Präsens ausdrücken, daß er mit ICH beginnt, daß er keine Vergleiche enthält und daß er den Prozeß und nicht das Ziel beschreibt (z.B.: *„Ich kann lernen, gesundes Essen zu genießen und mich mit meinem Gewicht wohl zu fühlen und eine gute Figur zu haben."*)

Schritt 8:
Für den **Glaubens-Veränderungsprozeß** erinnern Sie nun noch einmal die Vorstellung Ihres alten Glaubenssatzes, jedoch mit den Submodalitäten des bezweifelten Satzes, d.h. Sie ziehen Ihren alten Glaubenssatz in Zweifel, indem Sie einige der wirkungsvollsten Submodalitäten benutzen, die Sie als Unterschiede festgestellt haben. Testen Sie also aus der Liste der Unterschiede jede der Submodalitäten, um festzustellen, welche Submodalitäten am wirkungsvollsten den einengenden Glaubenssatz in Zweifel überführen. Wenn wir das wissen und diesen Veränderungsprozeß tatsächlich tun, müssen Sie etwas haben, was Sie an seine Stelle setzen wollen. Das heißt, welchen neuen

Glaubenssatz möchten Sie anstelle des alten Glaubenssatzes setzen (siehe den bereits formulierten neuen Glaubenssatz).

Schritt 9:
Das Umschalten auf die Vorstellung des neuen Glaubenssatzes könnten Sie z.B. mit folgender Anweisung machen: Stellen Sie sich vor, das eben betrachtete Bild sei eine Seite in einem Buch, die Sie jetzt umblättern, um auf der nächsten Seite ein Bild mit denselben Submodalitäten des Zweifels zu sehen, welches jedoch inhaltlich den neuen Glaubenssatz darstellt. Falls Sie sich den in Zweifel gezogenen Glaubenssatz als Film vorgestellt haben, können Sie diesen Film ausblenden und einen neuen mit anderem Inhalt einblenden.

Schritt 10:
Verändern Sie nun dieses Bild, indem Sie es in den Submodalitäten des alten Glaubenssatzes repräsentieren.

Wie Sie sehen, bedarf es einiger Schritte mehr als bei anderen NLP-Veränderungsprozessen. Denn es ist nicht leicht für jemanden, der bisher XY geglaubt hat, auf einmal YX zu glauben. Je mehr Sie sich mit Glaubenssätzen bei Patienten in Ihrer Praxis beschäftigen, desto mehr wird Ihnen auffallen, welche enorme Macht diese auf die körperliche Befindlichkeit haben. Zum Beispiel berichtet Anthony Robbins von einer schizophrenen Frau, deren Blutzuckerspiegel gewöhnlicherweise normal war. Doch wenn sie glaubte, daß sie Diabetikerin sei, veränderte sich ihr gesamter physischer Zustand, und ihre Zuckerwerte wiesen tatsächlich Werte einer Diabetikerin auf. Auch der Placebo-Effekt ist eine Form des Glaubens. Wenn Sie einem Patienten sagen, daß das Medikament X die eine bestimmte Wirkung habe, erlebt der Patient oft tatsächlich diese Wirkung, auch wenn das Medikament gar keine Wirkstoffe enthält. Er glaubt, daß es wirkt. Die Wirkung stimmt oft mit der Erwartung überein. Wer denkt oder sagt: „Ich kann nicht!", legt sich nur selbst unnötig Einschränkungen auf. Jemand erzählte einmal die Geschichte von der Hummel. Die Hummel hat, bei einem Gewicht von 1,2 Gramm, eine Flügelfläche von 0,7 Quadratzentimeter. Nach den bekannten Gesetzen der Flugtechnik ist es unmöglich, bei diesem Verhältnis zu fliegen. Die Hummel weiß das nicht, sie fliegt einfach.

Sie haben nun gelernt, wie Sie einen negativen Glaubenssatz in einen positiven verändern können. Sie können auch versuchen, einen neuen positiven Glaubenssatz aufzubauen, indem Sie wiederum mit Submodalitäten arbeiten.

Die nächste Übung wird deshalb sehr ausführlich beschrieben, weil sie ein hervorragendes Mittel ist, bei sich selbst neue Glaubenssätze aufzubauen. Sie sieht sehr technisch aus.

Wenn Sie aber die Submodalitäten Ihrer Fähigkeiten und Überzeugungen kennen, brauchen Sie nur noch die für Sie wünschenswerten Glaubenssätze zu formulieren. Sie brauchen sich nur eine neue Überzeugung in Ihrer inneren Vorstellung aufzubauen und sie mit den entsprechenden Submodalitäten zu versehen.

Anleitung zum Aufbau eines Glaubenssatzes *(nach A. Mohl)*

Schritt 1.1: Glaubenssatz formulieren

Beschreiben Sie einen positiven Glaubenssatz, den Sie bereits haben, etwas, woran Sie bereits glauben. Dabei bestimmen Sie eine Fähigkeit, ein Talent, eine Qualität, über die zu verfügen Sie überzeugt sind (zum Beispiel: „Ich kann gelassen vor einem Publikum reden").

Schritt 1.2: Repräsentieren

Erinnern Sie sich nun an eine Situation, in der Sie diesen Glaubenssatz „gelassen reden" erleben und in der dieser seine Gültigkeit hat.

Schritt 1.3: Submodalitäten

Stellen Sie die Submodalitäten fest, in denen Sie Ihren positiven Glaubenssatz repräsentieren. Ihre Checkliste könnte folgende Modalitäten enthalten:

visuell:	*auditiv:*	*kinästhetisch:*
farbig – schwarzweiß	laut – leise	warm – kalt
hell – dunkel	schnell – langsam	stark – schwach
klar – unscharf	hoch – tief	leicht – schwer
stehendes Bild – Film	wohlklingend – schrill	rauh – glatt
klein – groß	nah – fern	leicht – schwer
nah – fern		ganzkörperlich – bestimmte Bereiche
assoziiert – dissoziiert		

Schritt 2.1: Zweifelssatz

Formulieren Sie eine Aussage, in der Sie Zweifel an einer Fähigkeit zum Ausdruck bringen, wo Sie nicht genau wissen, ob etwas stimmt oder nicht stimmt, wo Sie sich unsicher sind, ob etwas eintrifft oder nicht (z.B.: „Ich weiß nicht, ob ich weiter in Deutschland leben möchte").

Schritt 2.2: Repräsentieren

Erinnern Sie sich nun an eine Situation, in der Sie diesen Zweifelssatz erleben und in der dieser seine Gültigkeit hat. Schauen Sie sich diese Szene genau an.

Schritt 2.3: Submodalitäten

Gehen Sie wie in Schritt 1.3. vor, indem Sie die Submodalitäten zu Ihrem Zweifelssatz herausfinden.

Schritt 3: Unterschiede

Finden Sie nun die Unterschiede zwischen den beiden inneren Vorstellungen, die für Sie Glauben und Zweifel darstellen, heraus und schreiben Sie die Unterschiede auf.

Schritt 4: Testen

Stellen Sie mindestens zwei der für Sie wichtigsten Unterschiede fest.

Schritt 5: Neuen Glaubenssatz formulieren

Wie soll nun Ihr neuer Glaubenssatz lauten?
Wichtig ist dabei, daß Sie Ihren neuen Glaubenssatz im Präsens ausdrücken, daß er mit ICH beginnt, daß er keine Vergleiche enthält (z.B.: „Ich möchte gerne leicht guten Rapport zu meinen Kollegen herstellen können").

Schritt 6: Öko-Check des neuen Glaubens

Stellen Sie sich Ihren neuen Glauben vor und stellen Sie sich dabei folgende Fragen:

- Was wird sich ändern, wenn Sie das glauben?
- Welche Probleme könnten sich ergeben?
- Was wird Ihre Umgebung, Ihr Freundeskreis, Ihr Kollegenkreis sagen?
- Wie werden Sie sich verhalten?
- Wie könnte der neue Glaubenssatz formuliert werden, damit keine Probleme auftreten?

Schritt 7: Aufbau

Stellen Sie sich nun eine Situation vor, in welcher Ihr neuer Glaubenssatz gilt. Was müssen Sie an Ihren Submodalitäten ändern, damit Ihr Glaubenssatz in den Submodalitäten erscheint, die Ihr positiver Glaubenssatz aus Schritt 1 hat?

Schritt 8: Test

Wie denken Sie über den neuen Glaubenssatz?

24. Wie Sie Ihre Ziele erreichen

Bevor Sie einen Veränderungsprozeß einleiten, sollten Sie bestimmen, was Sie überhaupt erreichen möchten. Erst mit dem Nachdenken über das Ergebnis und die bildhafte Vorstellung des Zieles gewinnen unsere Handlungen Richtung und Präzision, erst dann sind wir in der Lage, Wichtiges von Unwichtigem zu unterscheiden und erfolgs- und zielorientiert zu handeln. Wenn Sie genau herausfinden, was Sie wollen, was Ihr Ziel oder Ergebnis ist, erhalten Sie die Orientierung auf Ihr Ziel, für das Sie Ihre Ressourcen und Entscheidungen einsetzen. Dieser Prozeß der Orientierung wird im NLP Ergebnisbestimmung oder outcome frame genannt.

A. Robbins berichtet von einer Untersuchung an der Yale Universität, bei der die Absolventen eines Studiengangs befragt wurden, ob sie spezifische Ziele hinsichtlich ihres Berufes hätten und ob sie die Planung zum Erreichen dieser Ziele schriftlich niedergelegt hätten. Drei Prozent bejahten dies. Bei einer Nachuntersuchung zwanzig Jahre später stellte sich heraus, daß diese Gruppe finanziell unvergleichbar besser gestellt war als die 97% desselben Jahrgangs. Darüber hinaus wurde die subjektive Befindlichkeit im Sinne von Glücklichsein und Freude höher eingeschätzt. Das ist die Wirkung klarer Ziele.

Wer sein Ziel kennt, findet den Weg – *Laotse*

Die Verfahrensweise der Ergebnisbestimmung besteht aus bestimmten Fragestellungen, die das Ziel haben, ein erwünschtes Ergebnis oder einen Zustand zu bestimmen und vermittels Aktivierung der eigenen Ressourcen auch zu erreichen. Dabei ist es wichtig, daß die Ergebnisbestimmung nachvollziehbar ist, das heißt, daß Sie sehen, hören, fühlen und vielleicht riechen und schmecken können, was Sie sich als Ergebnis vorstellen.

Bedingungen für die Wohlgeformtheit einer Ergebnis- oder Zielbestimmung

1. Bezeichnen Sie Ihr Ziel.
2. Formulieren Sie Ihr Ziel positiv.
3. Beschreiben Sie es in allen Sinnesmodalitäten.
4. Aktivieren Sie Ihre Ressourcen und Fähigkeiten.
5. Bringen Sie Ihr Ziel in einen angemessenen Kontext, setzen Sie sich eine Frist.
6. Machen Sie einen Ökocheck.
7. Fragen Sie nach Hinderungsgründen.

Anhand dieser Bedingungen sollten Sie Ihre Ziele formulieren und schriftlich festhalten:

Schritt 1: Was genau wollen Sie?

Will ich das wirklich, d.h., ist mein Wunsch stark genug?

Eine Verhaltensänderung ist erst dann möglich, wenn Sie sich ein attraktives Ziel gesetzt haben. Erst dann werden alle Kräfte Ihres Unbewußten aktiv und richten sich danach aus. Bei dieser Frage beginnt die Orientierung auf Ihr Ziel. Meistens benutzen wir, wenn wir unsere Ziele beschreiben, unklare, vage Wörter und Begriffe. Wenn Sie formulieren: „Ich möchte eine eigene Privatklinik gründen", wissen Sie so ungefähr, was Sie meinen. Sie brauchen jedoch eine präzise Orientierung: „Ich gründe meine Privatklinik für Gewichtsabnahme bis zum September diesen Jahres in einer alten Hacienda in Mexiko." Um effektiv zu sein, müssen Sie Ihr Ziel klar und spezifisch bezeichnen, Sie müssen genau wissen, was Sie wollen. Viele Menschen wissen allerdings besser, was sie nicht wollen, und nur sehr wenige wissen genau, was sie wollen.

Schritt 2: Ich will X tun/machen/können.

Beschreiben Sie Ihr Ziel positiv. Formulieren Sie einen kurzen, formelhaften Satz, der Ihr Ziel klar und deutlich umreißt. Formulieren Sie in der Gegenwartsform, nicht in der Zukunft. Wenn Sie Ihr Ziel ständig im Kopf haben, wird Ihr Unbewußtes Ihr Verhalten in der Weise beeinflussen, daß Sie sich auf Ihr Ziel zubewegen. Geben Sie Ihrem Unbewußten einen klaren Auftrag, wie es für Sie arbeiten soll. Vermeiden Sie negative Formulierungen wie: „Ich will nicht mehr abhängig von irgendwelchen Chefs sein" oder: „Ich will nicht mehr rauchen" oder: „Ich will meinen Mitarbeiterinnen gegenüber nicht mehr so ungeduldig sein", sondern sagen Sie positiv: „Ich will meine eigenen guten Ideen und Therapien verwirklichen und meine Entscheidungen selber treffen" oder: „Ich atme frei, fühle mich fit und bin gut gelaunt" oder: „Ich nehme mir Zeit für meine Mitarbeiterinnen, bin gut drauf und habe Geduld." Legen Sie außerdem fest, bis wann Sie Ihr Ziel erreicht haben wollen.

Schritt 3: Was werden Sie sehen, hören, fühlen, wenn Sie Ihr Ziel erreicht haben? Was werden Sie wissen, wenn Sie Ihr Ziel erreicht haben? Woran werden Sie erkennen, daß Sie Ihr Ziel erreicht haben?

Wenn Sie Ihr Ziel erreichen wollen, müssen Sie sich erst einmal ein „Zielbild" machen, das heißt, Sie müssen ein Bild, eine Vorstellung von sich selbst in Ihrem Wunschzustand machen, Ihre Zielvorstellung in eine feste Bilderfolge bringen und diese Bilder wie einen Film immer wieder vor Ihrem geistigen Auge ablaufen lassen.

Was sehen Sie, wenn Sie Ihr Ziel erreicht haben? Wie sehen Sie aus? Wie bewegen Sie sich dann? Was tragen Sie für Kleidung?

„Ich trage ein helles, leichtes Kostüm mit kurzem Rock, stehe mit aufrechtem Körper, energiegeladen und zuversichtlich vor einer Teilnehmergruppe von Übergewichtigen, mit denen ich das Therapieprogramm erarbeite. Die Stimmung im Raum ist heiter und entspannt."

Was hören Sie in diesem Moment für Geräusche?

„Ich höre das heitere Lachen der Teilnehmer, leise Musik im Hintergrund ..."

Was fühlen Sie?

„Ich fühle, wie ich tief durchatme und sich in meinem Brustraum ein leichtes, freies Gefühl langsam in alle Richtungen ausbreitet ..."

Was genau schmecken Sie?

„Ich schmecke frisch ausgepreßten Orangensaft in meinem Mund."

Was riechen Sie?

„Ich rieche leichten Kaffeegeruch und mein Fendi-Parfum, das ich in diesem Augenblick benutze ..."

Tun Sie so, als hätten Sie Ihr Ziel bereits erreicht! Nehmen Sie bereits die Freude und Dankbarkeit wahr, daß Ihr Wunsch erfüllt ist! Veränderungen in der äußeren Welt können nur passieren, wenn Sie etwas an Ihrer inneren Welt verändert haben. Ihr Erfolg ist das Produkt Ihrer Gedanken. Denn Gedanken haben Verwirklichungskräfte. Genau darin liegt die Chance, Ihren Erfolg kreativ selbst in die Hand zu nehmen. Wichtig bei Schritt 3 ist die Detailgenauigkeit, Intensität und Qualität der Ergebnisentwicklung, denn diese bestimmen die spätere Realisierung. Je genauer die Beschreibungen in den Sinnesmodalitäten sind, desto wirksamer sind sie. Mit ihnen werden Sie auf dem Weg zu Ihrem Ziel Gedanken und Gefühle wachrufen, an die Sie sich erinnern, wenn Sie Teilstücke Ihres Zieles erreicht haben.

Schritt 4: Welche Fähigkeiten, Erfahrungen und Ressourcen können Sie nutzen?

Ich will mich X verhalten, wenn Y auftritt.

Eine der Grundannahmen des NLP ist, daß alle Menschen bereits alle Ressourcen zur Verfügung haben, die sie brauchen, um ihre Ziele zu erreichen.

Fragen Sie sich, ob Ihr Ziel durch Ihr eigenes Handeln erreichbar ist. Es reicht nicht zu sagen: „Ich will, daß meine Arzthelferin selbständig und schnell Ihre Arbeit macht", wenn diese dazu nicht in der Lage ist oder in der Lage zu sein glaubt. Suchen Sie daher nach Wegen, ihr angemessene Aufgaben zu geben. Es ist Ihr Handeln, was gefragt ist, denken Sie also nicht daran, was die anderen tun müssen, sondern daran, wie Sie durch Ihr Verhalten die von Ihnen gewünschte Situation herbeiführen. Räumen Sie alle Zweifel, Sie könnten Ihr Ziel nicht erreichen, beiseite. Ihr Ergebnis, Ihr Ziel darf nicht davon abhängen, daß andere sich ändern, damit Sie zufrieden sein können. Ihr Ergebnis darf nur von Faktoren abhängen, die Sie direkt beeinflussen können. Es ist offensichtlich, daß persönliche Ressourcen sehr unterschiedlich erlebt und eingeschätzt werden. Jede Person hat ihre eigenen Erfahrungen und einen speziellen Ressourcenzustand für bestimmte Situationen. Erinnern Sie sich an eine Situation, als Sie sich in einem optimalen Zustand befanden, in dem die entscheidenden Prozesse so zu Ihrer Zufriedenheit verlaufen sind, daß Sie zu Ihren Fähigkeiten und zu Ihren Kraftquellen, Ressourcen, unmittelbaren Zugang hatten. Sie waren in diesem Zustand enorm motiviert und voller Energie, Sie waren einfach „gut drauf". Beschreiben Sie, was Sie getan haben, um Erfolg zu haben, welche Ressourcen und Talente Sie wirksam eingesetzt haben und was Ihnen in dieser Situation das Gefühl gegeben hat, erfolgreich zu sein. Schreiben Sie nun für Schritt 4 Ihre persönlichen Ressourcen auf, die Ihnen beim Erreichen Ihres Zieles hilfreich sein könnten:

- positive Erfahrungen und Erlebnisse
- hilfreiche Verhaltensweisen
- Talente
- Glaubenssätze
- finanzielle Mittel
- Zeit
- Ausbildung
- Lebenssinn

Schritt 5: Wo, wann und mit wem möchten Sie Ihr Ziel erreichen? Was wird passieren, wenn Sie Ihr Ziel erreicht haben? Woher wissen Sie, daß es sich lohnt, dieses Ziel zu erreichen?

Schreiben Sie auf, in welchem Zeitraum Sie Ihr Ziel erreicht haben wollen: in drei Wochen, in einem halben Jahr, in zwei, fünf oder zehn Jahren. Manche Menschen möchten Ergebnisse noch am gleichen Tag erreichen, manche setzen sich für Ihre Ziele Monate oder Jahre. Es ist abhängig von den Zielen. Egal, welche Zeit Sie anstreben, Sie müssen die ersten Schritte bestimmen, die Sie auf Ihr Ziel orientieren.
Auch eine Reise von tausend Kilometern beginnt mit dem ersten Schritt.

Schritt 6: Wie wird das Erreichen Ihres Zieles Ihre Umgebung beeinflussen?

Und es ist sinnvoll, herauszufinden, wie Ihr Ziel Ihre Umgebung beeinflussen wird, z.B. Ihren Partner, Ihre Familie, Ihren Freundes- und Kollegenkreis. Denn das Erreichen Ihres Zieles hat Einfluß auf und Folgen für Ihre Umgebung. Das zu beachten ist deshalb wichtig, weil der Privatbereich (Familie) vielleicht den Arbeitsbereich beeinflußt und umgekehrt. Wenn Sie z.B. Ihre Privatklinik eröffnen, könnte es zu Konflikten mit Ihrer Familie kommen, weil Sie dann weniger Zeit für sie haben. Andererseits kann es zu positiven Veränderungen im Freundeskreis kommen oder auch einen positiven finanziellen Aspekt haben.
Ändern Sie den Weg zum Ziel so lange, bis Sie es erreicht haben. Der Weg ist das Ziel. Sie haben die Möglichkeit, flexibel zu reagieren.

Schritt 7: Was könnte Sie daran hindern, das zu haben, was Sie sich wünschen?

Und was hindert Sie daran, Ihr Ziel schon jetzt zu erreichen? Überprüfen Sie, ob es an Ihrer Planung liegt, daß Sie vielleicht das Ziel nicht erreichen. Oder ob Sie sich pessimistischerweise immer die schlimmste von zwei Möglichkeiten vorstellen. Einengende Glaubenssätze können einen erheblich hindern, sein Ziel zu erreichen. Stellen Sie fest, ob es vielleicht Ihre inneren Repräsentationen sind, die Sie davon abhalten, Ihr Ziel zu erreichen.

Zusammenfassung der Fragestellungen:

1. Wollen Sie dieses Ziel wirklich?
2. Lohnt es sich, dieses Ziel erreichen zu wollen?
3. Gibt es irgendwelche Hinderungsgründe oder Einwände dagegen?
4. Werden Sie eventuell Nachteile dadurch haben?
5. Wie werden Sie Ihr Ziel erreichen?
6. Welche Ressourcen werden Sie aktivieren?
7. Welche Aktivitäten können Sie schon innerhalb der nächsten Stunden/Tage unternehmen, um Ihr Ziel zu erreichen?

25. Modellieren von Vorbildern und Einsetzen der „Als-ob-Technik“

Das NLP ist aus dem Modelling entstanden. Auf dem Weg zum Ziel ist es hilfreich, sich an Vorbilder zu halten. Möglicherweise kennen Sie in Ihrem Freundeskreis jemanden, der brillant reden kann und andere Menschen durch sein Reden in seinen Bann zieht. Oder denken Sie an einen Verwandten, der anderen geduldig zuhören kann und sie nicht unterbricht. Oder denken Sie an eine bekannte Persönlichkeit, die Sie sehr beeindruckt, weil sie scheinbar alles erreichen kann. Es gibt viele Vorbilder, die Sie modellieren können.

Die Als-ob-Technik ist eine der wesentlichen Techniken in der Verkäufer-Schulung. Eine ausführliche Abhandlung des Als-ob ist in der Philosophie von Hans Vaihinger nachzulesen. Es gibt Menschen, die sich so verhalten, als ob sie jemand anders wären. Die Technik des Als-ob beruht auf der Annahme, daß sich Menschen in ihrer Phantasie Dinge, Situationen und Erlebnisse so vorstellen können, *als ob* diese bereits Wirklichkeit wären, daß Menschen bereits alle Fähigkeiten und inneren Repräsentationen besitzen, die sie zur Lösung eines Problems benötigen. Wirklich gute Schauspieler identifizieren sich so mit ihrer Rolle, *als ob* sie die Person wirklich wären. Kinder verstehen es sehr gut, in Rollen- oder Puppenspielen das Als-ob anzuwenden, welches zwischen innerer Phantasie und äußerer Wirklichkeit vermittelt.

Das Ziel der Als-ob-Technik besteht darin, Verhaltensweisen, Informationen, innere Zustände und persönliches Befinden bereitzustellen, um das gewünschte Ergebnis zu erreichen. Die Als-ob-Technik wird dann angewendet, wenn in einem Prozeß der Zugang zu bestimmtem Verhalten, zu Informationen, zu Alternativen oder Ressourcen blockiert ist. Wenn Sie zum Beispiel frustriert von etwas sind, fällt es Ihnen möglicherweise schwer, sich selbst in dem Moment fröhlich und entspannt zu sehen. Ihre Physiologie, Ihre Körperhaltung gibt Hinweise auf Ihre innere Verfassung der Frustration. Jedoch können Sie Ihren Körper aufrichten, Ihre Stirn glätten, lächeln und über Zufriedenheit und Ausgeglichenheit sprechen. Sie können sich so verhalten, als ob Sie zufrieden und ausgeglichen wären. Versuchen Sie dies doch einmal, indem Sie sich eine Situation vorstellen, die für Sie nicht optimal gelaufen ist, und sich dieselbe Situation dann noch einmal so vorstellen, als ob sie nach Ihren Wünschen verlaufen wäre. Sie werden feststellen, daß Sie sofort ein anderes Gefühl dazu bekommen.

Wir können so tun als ob

Das Wesentliche hierbei ist, daß sich durch die Verwendung der Als-ob-Technik auch unsere psychische Verfassung verändert. Die Als-ob-Technik kann in vielen Bereichen eingesetzt werden wie Informationsgewinnung, Problemlösung, Reframing sowie beim Ansteuern erwünschter Ergebnisse.

Fragen, die bei der Als-ob-Technik verwendet werden:

- Tun Sie mal so, als ob ...
- Was würde passieren, wenn ...
- Handeln Sie mal so, als ob ...
- Nehmen wir an, daß ...
- Falls es möglich wäre, daß ...
- Falls anstelle von X Y wäre, was würde passieren?

Übung zum Modellieren

Schauen Sie sich nach Menschen in Ihrem Privat- oder Arbeitsbereich oder nach berühmten Persönlichkeiten um, die erfolgreich waren oder die etwas können, das Sie auch gern können würden. Finden Sie deren Eigenschaften und Verhaltensweisen heraus, die sie zu diesen Erfolgen gebracht haben. Nehmen Sie sich dann einen Augenblick Zeit und schließen Sie die Augen. Stellen Sie sich vor, daß Ihnen jeder dieser erfolgreichen Menschen einen Ratschlag, eine Idee oder einen neuen Gedanken zu Ihrer Frage gibt, welches die beste Vorgehensweise zur Erreichung Ihres Zieles sein könnte. Und schreiben Sie dann die wichtigsten Antworten dieser Personen auf. Stellen Sie sich in Gedanken vor, mit jedem dieser Menschen zu sprechen. (Sie müssen Ihr Vorbild nicht persönlich kennen, um es als Ihren Ratgeber zu nutzen.) Bemerken Sie, wie diese Person sich bewegt, wie ihre Körperhaltung ist, während sie mit Ihnen spricht, wie ihre Stimme ist, ob tief oder hoch, langsam oder schnell, beruhigend oder energisch usw., und gehen Sie auch die übrigen Sinnesmodalitäten dazu durch. Nachdem Sie Physiologien und Submodalitäten festgestellt haben, versuchen Sie, diese in Ihre Wirklichkeit zu übertragen, indem Sie diese nachahmen, das heißt modellieren. Auch wenn Sie nicht gleich beim ersten Mal in allem Ihrem gewählten Vorbild ähneln, werden Sie doch nach wiederholtem Üben und Modellieren ein neues Gefühl bekommen. Und Sie werden die Reaktionen aus Ihrer Umgebung schon bald bemerken.

Übungen zu „als-ob"

Erinnern Sie sich an eine Zeit in Ihrer Vergangenheit, in der Sie erfolgreich waren. Schließen Sie Ihre Augen und lassen Sie dieses Bild vor Ihrer inneren Vorstellung entstehen. Dieses Bild sollte hell, groß und scharf im Kontrast sein. Stellen Sie fest, auf welcher Seite Ihres Blickfeldes sich dieses Bild befindet. Und gehen Sie wieder alle Submodalitäten dazu durch.
Tun Sie so, als hätten Sie Ihr Ziel schon erreicht, indem Sie Ihre Zielvorstellung mit den Submodalitäten Ihrer Erfolgsvorstellung aus der Vergangenheit versehen.

Als-ob der Zeit:
Heute ist September 1999. Es ist ein Jahr vergangen, Sie haben Ihr Ziel erreicht und Ihre Privatklinik eröffnet. Erinnern Sie sich daran, welche Fähigkeiten Sie gebraucht haben, um das zu erreichen. Tun Sie so, als hätten Sie Ihr Ziel schon erreicht.

Als-ob der Person:
Was würde Ihre Partnerin, Ihre Familie dazu sagen, daß Sie Ihr Ziel erreicht haben?
Wenn Sie die Identität von X annehmen würden, was wären dann Ihre neuen Fähigkeiten und Talente?

Als-ob des Ortes:
Falls Sie das Ergebnis in Ihrer Praxis erreicht hätten,was für Veränderungen würden Sie im einzelnen feststellen und welche Folgen hätten diese für Sie selbst, Ihre Patienten und Angestellten?

Schreiben Sie alles auf und schaffen Sie sich den Tag, den Sie sich am meisten wünschen, genau so, wie Sie ihn sich wünschen.

Als Abschluß dieser Übung machen Sie sich eine Liste von all den Dingen, die früher einmal Ziele von Ihnen waren und die Sie heute bereits erreicht haben.

26. Ausblick NLP und Metamedizin

Die Denkansätze und Methoden des Neurolinguistischen Programmierens ermöglichen ein neues, erweitertes Verständnis von Gesundheit, Krankheit und Heilung. Dieses neue Verständnis nennen wir *Metamedizin*. Sie sieht in einem kranken Menschen mehr als einen Körper mit Krankheitssymptomen. Sie bezieht in die Behandlung den menschlichen Geist, das „Bewußt-Sein" des einzelnen, mit ein. Daher können sich Schulmedizin und Metamedizin ergänzen. Bisher waren die sogenannten „Schul"-Mediziner gewohnt, die Krankheitssymptome eines Patienten zu erkennen und die dafür erlernte Therapie XY einzusetzen. Das Erkennen einer Krankheit beschränkte sich oft auf „greifbare" Parameter wie Veränderungen der Blutanalysen, Blutdruckwerte, EKG usw. Die Technologie der modernen Medizin konzentriert sich darauf, den Patienten gesund zu machen und zu heilen. Wir wissen jedoch auch, daß es letztendlich der Körper ist, welcher sich in Wirklichkeit selbst heilt. Denken Sie an die vielen Berichte von Krebspatienten, die sogenannte Spontanremissionen oder Spontanheilungen erlebt haben. Oder auch manche anderen Krankheiten, die auftauchen und irgendwann „wie von selbst" verschwinden, geben uns immer wieder Rätsel auf. Wie sind derartige Geschehnisse zu erklären?

Ich kann mich daran erinnern, wie ich als Kind eine erbsengroße Warze am Mittelfinger hatte, die wie aus dem Nichts über Nacht aufgetaucht war. Ich zeigte sie meiner Großmutter. Diese meinte, jemand hätte sie mir angehext. Die Warze würde aber schnell wieder verschwinden, weil dieser Zauber nur einen Tag und eine Nacht anhalten würde. Ich glaubte fest an das, was sie mir sagte, und war überzeugt, daß die Warze am nächsten Tag verschwunden sei. Und es war in der Tat so. Jeder Arzt weiß, wie schwierig es ist, eine Warze wegzubekommen. Wenn man Glück hat, geht es mit verschiedenen medizinischen Tinkturen oder mit Vereisen oder Herausschneiden. Sehr oft sind Warzen jedoch hartnäckig. Es gibt viele Möglichkeiten, die mehr oder weniger (oft leider weniger) wirkungsvoll sind. Eine Möglichkeit ist auch das Besprechen. Mit den Mitteln der modernen Medizin läßt sich jedoch nicht erweisen, warum das Besprechen von Warzen diese zum Verschwinden bringen kann. Die moderne Medizin verlangt ihrem Weltbild entsprechende Erklärungen für die Wirkung einer Behandlung.

Es gibt jedoch anscheinend etwas zwischen Himmel und Erde, das über unseren physischen Körper hinausgeht. Die Metamedizin nimmt diese Dinge als Tatsache an. Nach den bisherigen Kenntnissen über Metamedizin geht man davon aus, daß der Mensch eine vollkommene energetische Einheit darstellt, die größer ist als die Summe ihrer Teile.

Das Ganze ist mehr als die Summe seiner Teile.

Die Metamedizin hat es sich zur Aufgabe gemacht, mit Hilfe des NLP diese Lebenskraft, die wir als Mensch haben, zu mobilisieren. Das bedeutet, daß Menschen aus einer Krankheit unter Umständen gesünder und kraftvoller hervorgehen können, als sie es vor der Krankheit waren. Entsprechend einer der Grundannahmen des NLP: „Alles geschieht aus einem bestimmten Grund und zu einem bestimmten Zweck mit einer positiven Absicht" geht man in der Metamedizin davon aus, daß der Krankheitsprozeß von Anfang an dazu bestimmt ist, genau das zu erreichen, nämlich einen Menschen kraftvoller zu machen. Mit „kraftvoll" ist entweder ein besserer physischer oder psychischer Zustand oder beides oder auch ein inneres Wachsen gemeint.

Das bedeutet auch, daß ein Mensch die Fähigkeit hat, jede Art von Leben, wie er sie sich vorstellt, verwirklichen zu können. Denn eine der Grundannahmen besagt, daß wir „alle Ressourcen, die wir brauchen, bereits in uns" haben. Der Punkt ist nur, daß wir uns diese zu einem angemessenen Zeitpunkt zur Verfügung stellen, also gleichsam die „richtige Schublade" öffnen. Amerikanische Gehirnforscher haben herausgefunden, daß jeder Gedanke neue Bahnen zwischen den Gehirnzellen schafft. Sie stellten fest, daß die neuronalen Verbindungen im Gehirn von unseren Glaubenssystemen bestimmt werden. Jeder Glaube mobilisiert Emotionen, die im Gehirn wiederum eine chemische Aktivität entwickeln und zahllose neue Verbindungen zwischen den Gehirnzellen erzeugen.

Die Metamedizin will einen neuartigen Denkansatz vermitteln, der den Menschen nicht nur als eine Ansammlung von Muskeln, Knochen, Organen, Zellen und Wasser versteht, sondern als Form von Energie. Wichtig ist, daß wir verstehen, daß Körper und Geist des Menschen Ausdrucksweisen derselben bewußten Energie sind. Der Körper kann als „Fortsetzung" des Geistes in die physische Welt betrachtet werden. Dieses Buch sollte jedoch keine philosophische Abhandlung über unser Dasein als eine Form von Energie werden. Über das Verstehen des Mitmenschen sollte das Bewußtsein geschaffen werden, daß es mit Gesundheit und Krankheit mehr auf sich hat, als daß es sich dabei nur um mechanische, körperliche Funktionen handelt, daß es einen Zusammenhang gibt zwischen Krankheit, Emotionen, Glaubenssätzen und Gedanken. Unser physischer Körper ist in der Weise organisiert, daß er das ausdrückt, was in unserem Denken ist. Das Denken wiederum bewirkt physische Aktivität im Körper, welche Veränderungen hervorbringt, die wir als angenehm oder unangenehm erleben. Um eine Störung oder ein Leiden zu behandeln, welches Fehlfunktionen eines Organs hervorruft, wäre es daher am sinnvollsten, direkt zum Ursprung zu gehen und das Glaubenssystem in Ordnung zu bringen. „Der Mensch ist, was er denkt" besagt, daß unser Denken auch das umfaßt, was wir als Wahlfreiheit und Willensfreiheit bezeichnen.

Auch wenn noch nicht alle Ärzte sich dieses Bewußtsein zu eigen gemacht haben oder ihm entsprechend handeln, besteht dennoch die Möglichkeit, Krankheiten „körpermechanisch" hervorragend heilen können. Das tun Sie in Ihrer Praxis oder auf Ihrer Krankenhausstation jeden Tag. Wichtig ist jedoch darüber hinaus, eine Krankheit am Ursprung zu behandeln, im Glaubenssystem, sonst wird sie in anderer Form erneut so lange und so oft erscheinen, bis sie unsere bewußte Aufmerksamkeit erhält, mit der wir eine Veränderung bewirken können. Das ist dann die eigentliche Heilung. Mittlerweile gibt es viele Methoden und Techniken, um die von uns gewünschten Veränderungen eines krankhaften Zustands zu erreichen. Sie reichen auf der körperlichen Ebene von einfacher Ruhe und Entspannung bis hin zu schwierigen chirurgischen Operationen. Auf der geistigen Ebene reichen sie von Veränderungen innerer Vorstellungen oder Gedanken bis zur Veränderung von Glaubenssätzen und Überzeugungen.

Durch das Neurolinguistische Programmieren und die teilweise durch das NLP inspirierte Metamedizin wird die Begegnung Arzt-Patient bereichert. Ärzte und Heiler fangen an, unsere Patienten und Mitmenschen als selbstbestimmte Wesen anzusehen und ihnen Respekt und Achtung entgegenzubringen.

27. Kleines Lexikon

Anker – ein mit einem bestimmten Erleben, mit einer bestimmten Erfahrung verknüpfter Reiz, über den dieses Erleben innerhalb eines Augenblicks erneut hervorgerufen werden kann.

Ankern – ist der Prozeß, einen bestimmten Reiz absichtlich mit einer bestimmten Reaktion so zu verknüpfen, daß der Anker (Reiz) später die Reaktion immer wieder auslöst.

Assoziiert – die Vorstellung vom eigenen Standpunkt aus erleben, mittendrin sein im Geschehen; vollkommen in seiner Erinnerung sein und alles durch die eigenen Augen sehen, mit eigenen Ohren hören, mit dem eigenen Körper fühlen.

Auditiv – das Hören betreffend.

Auditiver Typ – Person, die das auditive Wahrnehmungssystem bevorzugt benutzt.

Augenbewegungsmuster – Zugangshinweise, die die Augenbewegung und die Abfolge der Augenbewegungen betreffen. Die Kenntnis des Zusammenhangs zwischen Augenposition und inneren Prozessen ist Voraussetzung für das Verständnis und Entwickeln von Strategien. Augenbewegungsmuster machen das jeweilige Repräsentationssystem zugänglich.

Bedeutungsreframing – Prozeß, bei dem einem negativen Verhaltensmuster eine positive Bedeutung zugeschrieben wird.

Dissoziiert – die eigene Person von einem außenstehenden Standpunkt betrachten und sie als Zuschauer von außen erleben. Das Ziel dabei ist, Distanz zu eigenen unerwünschten Gefühlsreaktionen herzustellen.

Generalisierung – Verallgemeinerung. Ein in vielen Fällen nützlicher und das Leben vereinfachender Vorgang.

Glaubenssystem – das, was eine Person von sich selbst und von der Welt glaubt: ihre Überzeugungen; ein Aspekt der Grundstruktur der menschlichen Persönlichkeit.

Gustatorisch – den Geschmack betreffend.

Gustatorischer Typ – Person, die das gustatorische Repräsentationssystem bevorzugt.

Innere Repräsentation – Vorstellungen von Informationen, die man in seinem Kopf macht in Form von Bildern, Tönen, Gefühlen, Gerüchen, Geschmack.

Kalibrieren – das genaue Wahrnehmen minimaler Veränderungen der Physiologie einer Person. Sicher sehen Sie jemandem, den Sie sehr gern haben, sofort an, ob er traurig, unsicher, glücklich ist.

Kinästhetisch – das Gefühl betreffend.

Kontextreframing – Prozeß, bei dem ein negatives Verhaltensmuster durch Einordnung in einen neuen Kontext eine positive Bedeutung bekommt.

Leading – Führen. Entsteht als Fortsetzung des Pacing, wenn derjenige, der Rapport hält, die gespiegelte Physiologie des gegenwärtigen Erlebens in eine andere Physiologie verändert und der andere ihm folgt.

Meta-Modell – Modell der Sprache, mit dem man Aussagen auf konkrete Erfahrungen zurückführen kann.

Metaprogramm – Filter der Wahrnehmung und des Denkens.

Metamedizin – in Ergänzung des schulmedizinischen Instrumentariums eine erweiterte Sichtweise, im Patienten nicht nur einen kranken Körper zu sehen und diesen zu „reparieren", sondern das Bewußtsein und die geistige Ebene eines Menschen mit einzubeziehen.

Modellieren – der Vorgang, Fähigkeiten und Strategien einer anderen Person zu kopieren, indem man deren innere Repräsentationen und Verhaltensweisen herausfindet.

Moment of Excellence – eine ressourcevolle Situation in der Lebensgeschichte eines Menschen.

Nominalisierung – sprachlicher Vorgang, durch den ein Prozeß (Verb) in etwas Statisches (Substantiv) verwandelt wird (hoffen – Hoffnung; sich einigen – Einigung).

Nonverbal – körpersprachlich.

Olfaktorisch – das Riechen betreffend.

Olfaktorischer Typ – Person, die die olfaktorische Wahrnehmungsebene bevorzugt.

Pacing – Spiegeln. „In den Schuhen des anderen gehen." Rapport mit jemandem schaffen und beibehalten, indem man den verbalen und/oder nonverbalen Ausdruck des Betreffenden übernimmt. Man kann Körperhaltung, Gesten, Atmung, Mimik usw. pacen, aber auch Glaubenssätze, Meinungen und Verhaltensweisen.

Prädikate – sind hier kein grammatikalischer Begriff. Im NLP versteht man darunter Verben, Adjektive, Adverbien und Substantive, die auf eine spezifische Wahrnehmungsebene hinweisen.

Physiologie – körperlicher Ausdruck, der einem inneren, psychischen Zustand entspricht. Physiologien nimmt man zum Beispiel anhand der Atmung, Gesichtsfarbe, Körperhaltung, Mimik, Stimmlage, Lautstärke, Augenbewegungen wahr.

Rapport – Gleichklang, gemeinsame Schwingung, guter Kontakt zwischen zwei Gesprächspartnern; Übereinstimmung von Verhaltenselementen, Gedanken und Interessen zwischen zwei Gesprächspartnern; kann bewußt hergestellt werden durch Spiegeln oder Angleichen, um die Kommunikation zu verbessern.

Reframing – Umdeuten, einen neuen Rahmen geben.

Repräsentationssystem – entspricht den Begriffen Sinnessystem (visuell, auditiv, kinästhetisch, olfaktorisch, gustatorisch) oder Wahrnehmungsebene und meint eine Art der Verschlüsselung (Kodierung) sensorischer Informationen. Die Unterscheidungen, die wir treffen, werden durch die fünf Sinne (Repräsentationssysteme) vermittelt.

Ressourcen – Fähigkeiten, Talente, Kenntnisse, Erfahrungen, mit deren Hilfe Menschen ihre Ziele erreichen.

Sinnesspezifische Erfahrung – Erfahrung, die entweder gesehen, gehört, gefühlt, gerochen oder geschmeckt wurde.

Spiegeln – den verbalen und/oder nonverbalen Ausdruck einer anderen Person übernehmen.

Submodalitäten – die feineren Unterscheidungen innerhalb der fünf Sinneskanäle; Kategorien zur Spezifizierung von Sinneserfahrungen; Qualitäten, in denen Untereigenschaften von Sinnestätigkeiten repräsentiert sind, wie Helligkeit, Entfernung, Tiefe von Bildern/Filmen, oder Klangfarbe, Schnelligkeit, Höhe usw. von Stimmen, Klängen oder Geräuschen.

Tilgung – selektive Wahrnehmung bestimmter Aspekte sensorischer Daten, aus denen Erfahrung entwickelt wird, während andere Daten aus dieser Erfahrung ausgelassen werden. Ohne die Möglichkeit der Tilgung, die schon auf der vorsprachlichen Ebene aufgrund von Filterungsprozessen im Nervensystem beginnt, würden wir von einem Chaos an Informationen überwältigt; zu grobe Tilgung jedoch beraubt uns des Zugangs zu wichtigen Informationen.

Universalquantor – Umfassungswort, z.B.: alle, keiner, immer, nie.

VAKOG – Abkürzung von visuell, auditiv, kinästhetisch, olfaktorisch und gustatorisch.

Verzerrung – der Vorgang, durch den manche Dinge und Sachverhalte in der inneren Repräsentation einer Person ungenau wiedergegeben werden; der Vorgang der Fehldeutung von sensorischen Daten.

Visuell – das Sehen betreffend.

Visueller Typ – Person, die das visuelle Repräsentationssystem bevorzugt.

Wahrnehmungsgenauigkeit – das Ausmaß der Fähigkeit, Unterschiede in der visuellen, auditiven, kinästhetischen, olfaktorischen und gustatorischen Modalität zu treffen.

Zugangshinweise – bestimmte Verhaltensweisen, welche die Vorgänge in unserem Nervensystem auf eine Weise beeinflussen, daß wir leichteren Zugang zu bestimmten Wahrnehmungsebenen erhalten. Das Seitwärtsneigen des Kopfes kann z.B. Zugang zum auditiven Kanal schaffen und gleichzeitig einen Hinweis auf diesen Vorgang bilden.

28. Verzeichnis der verwendeten Literatur

Connirae & Steve Andreas: *Gewußt wie. Arbeit mit Submodalitäten und weitere NLP-Interventionen nach Maß*. Junfermann, Paderborn [3]1993

Richard Bandler: *Veränderung des subjektiven Erlebens. Fortgeschrittene Methoden des NLP*. Junfermann, Paderborn [5]1995

Richard Bandler: *Unbändige Motivation*. Junfermann, Paderborn 1997

Richard Bandler & Will MacDonald: *Der feine Unterschied. NLP-Übungsbuch zu den Submodalitäten*. Junfermann, Paderborn [3]1993

Richard Bandler & John Grinder: *Neue Wege der Kurzzeit-Therapie, Neurolinguistische Programme*. Junfermann, Paderborn [12]1997

Richard Bandler & Paul Donner: *Die Schatztruhe. NLP im Verkauf*. Junfermann, Paderborn [2]1997

Richard Bandler & John Grinder: *Metasprache und Psychotherapie. Die Struktur der Magie I*. Junfermann, Paderborn [8]1994

Richard Bandler & John Grinder: *Reframing. Ein ökologischer Ansatz in der Psychotherapie*. Junfermann, Paderborn [6]1995

Richard Bandler & John La Valle: *Die Schatzkammer des Erfolgs*. Junfermann, Paderborn 1998

Robert B. Dilts, Tim Hallbom & Suzi Smith: *Identität, Glaubenssysteme und Gesundheit*. Junfermann, Paderborn [3]1995

Robert B. Dilts: *Die Veränderung von Glaubenssystemen. NLP & Glaubensarbeit*. Junfermann, Paderborn 1993

Christine Grieshaber: *Step by Step, a Trainer's Handbook*. L&S Marketing GmbH, 1994

John Grinder & Richard Bandler: *Therapie in Trance*. Klett-Cotta, Stuttgart 1984

Johann Kluczny: *Seminarunterlagen*, 1996

Arthur Lassen: *Heute ist mein bester Tag*. LET, Arthur Lassen 1995

Alexa Mohl: *Der Zauberlehrling. Das NLP-Lern- und Übungsbuch*. Junfermann, Paderborn [6]1997

Alexa Mohl: *Der Meisterschüler. Der Zauberlehrling, Teil II*. Junfermann, Paderborn 1996.

Anthony Robbins: *Das Power Prinzip*. Heyne, 1991

Thomas Rückerl, Jörn Ehrlich: *NLP in Action. Die Kunst des NLP als angewandte Psychologie im täglichen Leben und in der professionellen Kommunikation*. Junfermann, Paderborn 1996

Walter Staples: *Think like a Winner. Der Weg zu Spitzenleistungen.* Junfermann, Paderborn [2]1995.

Thies Stahl: *Triffst du 'nen Frosch unterwegs ... NLP für die Praxis.* Junfermann, Paderborn [6]1995

Kurt Tepperwein: *Kraftquelle Mentaltraining.* Goldmann, München 1993

Georg Walther: *Power Talking.* Berkley Books, New York 1992

Josef Weiß: *Selbstcoaching. Persönliche Power und Kompetenz gewinnen.* Junfermann, Paderborn [5]1996

Nachtrag

Wenn Sie ...

... sich für NLP-Seminare bei mir interessieren,
... sich selbst und Ihr Praxisteam gezielt weiterentwickeln wollen (manche Pharma-Firmen organisieren und sponsern entsprechende Trainings mit mir: Sprechen Sie sie einfach an!),
... Lernen und Selbsterfahrung in inspirierender Umgebung zu einem Erlebnis machen wollen (im Hochland von Mexiko),
... sich für gezieltes, erfolgreiches Praxismarketing interessieren,
... sich für Methoden effektiverer Praxisorganisation interessieren,
... sich für effektives Zeitmanagement interessieren,
... Sie ein persönliches Coaching gebrauchen könnten, um erfolgreicher und zufriedener in Beruf und Privatleben zu sein ...

dann ...

erreichen Sie mich unter folgenden Adressen in Deutschland und Mexiko:

Dr. med. Bettina Griepentrog-Wiesner
Ärztin Coach NLP-Beraterin

Deutschland
Brentanostraße 63
12163 Berlin-Steglitz
Tel. ++49 (30) 82 30 99 76
Fax ++49 (30) 82 30 99 75

Personalentwicklung
Einzel- und Teamcoaching
Konfliktmanagement
NLP-Seminare
Gesundheitsberatung

Mexiko
Puebla, Col. Zavaleta
Av. Alejandra 9w
Tel. ++ 52 (22) 84 57 17
Fax ++ 52 (22) 84 56 84

Information zur Aus- und Fortbildung in NLP